前　言

本书是“十二五”普通高等教育本科国家级规划教材、教育部经济管理类主干课程教材《政府与非营利组织会计（第4版）》的配套学习指导书。本书主要供使用《政府与非营利组织会计（第4版）》教材的教师和学生使用。

本书的具体内容如下：

1. 学习要点。为相应章节提供了在学习过程中需要掌握的主要知识要点。

2. 复习题。为相应章节配备了复习题，题型包括判断题、单项选择题和多项选择题。

3. 复习题答案。为以上复习题部分的所有题目提供了参考答案。

4. 教材练习题答案。为《政府与非营利组织会计（第4版）》教材中的所有练习题提供了参考答案。

本书由上海财经大学会计学院教授赵建勇博士编著。中国人民大学出版社工商管理分社的编辑陈永凤女士对本书的出版一直给予积极的鼓励和大力的帮助。在此，作者表示由衷的感谢。

由于作者的学识和时间限制，本书很可能会存在不足或疏漏，恳请读者以任何方式随时向作者提出批评和建议，或与作者进行交流和讨论。作者将始终追随我国政府与非营利组织会计的改革，并将最新的改革成果纳入本配套教材中，使本配套教材的内容始终与时俱进。电子邮件可发送至作者的如下邮箱：jyzhao@mail.shufe.edu.cn。

赵建勇

上海财经大学会计学院

目　录

第一篇　政府与非营利组织会计概述

第二篇　财政总预算会计

第三篇　行政事业单位会计

第四篇 民间非营利组织会计

第一篇

政府与非营利组织会计概述

第一章

政府与非营利组织会计概述

一、学习要点

1. 政府与非营利组织会计的概念和特征。
2. 政府与非营利组织会计的组成体系及其关系。
3. 政府会计目标。
4. 政府与非营利组织会计假设。
5. 政府与非营利组织会计基础。
6. 政府会计信息质量要求。
7. 政府会计要素及其确认和计量原则。
8. 政府决算报告和财务报告。
9. 民间非营利组织财务报告

二、复习题

(一) 判断题

1. 政府与非营利组织的运行目的是取得利润并使利润最大化。 (　　)

2. 政府会计信息的使用者包括人民代表大会、政府及其有关部门和其他会计信息使用者。 (　　)

3. 政府会计只需要提供政府预算执行情况的信息，不需要提供有关政府运行成本和财务状况的信息。 (　　)

4. 政府会计同时采用权责发生制基础和收付实现制基础进行会计核算。（　　）

5. 政府财务会计要素包括预算收入、预算支出和预算结余三个。（　　）

（二）单项选择题

1. 政府与非营利组织会计组成体系中不包括（　　）。
A. 行政单位会计　　B. 事业单位会计
C. 民间非营利组织会计　　D. 企业会计

2. 政府财务会计要素不包括（　　）。
A. 收入　　B. 费用
C. 净资产　　D. 预算收入

3. 政府预算会计要素不包括（　　）。
A. 预算收入　　B. 预算支出
C. 费用　　D. 预算结余

4. 民间非营利组织会计要素不包括（　　）。
A. 收入　　B. 费用
C. 净资产　　D. 支出

5. （　　）不采用收付实现制基础。
A. 行政单位会计　　B. 民间非营利组织会计
C. 财政总预算会计　　D. 事业单位会计

（三）多项选择题

1. 会计学按运用领域或行业的分支可以有（　　）。
A. 企业会计　　B. 行政单位会计
C. 事业单位会计　　D. 民间非营利组织会计
E. 财政总预算会计

2. 政府的财务资源通常不主要来源于（　　）。
A. 税收收入　　B. 行政事业性收费收入
C. 接受捐赠收入　　D. 销售商品收入
E. 提供劳务收入

3. 民间非营利组织的财务资源通常不主要来源于（　　）。
A. 税收收入　　B. 行政事业性收费收入
C. 销售商品收入　　D. 接受捐赠收入
E. 会费收入

4. 政府会计信息的使用者包括（　　）。
A. 人民代表大会　　B. 政府及其有关部门

C. 政府债券的投资者　　D. 政府公共产品的受益人
E. 相关信用评级机构
5. 政府会计信息质量要求通常包括（　　）。
A. 可靠性　　B. 全面性
C. 相关性　　D. 可比性
E. 实质重于形式

三、复习题答案

（一）判断题

1. ×　　2. √
3. ×　　4. √
5. ×

（二）单项选择题

1. D　　2. D
3. C　　4. D
5. B

（三）多项选择题

1. ABCDE　　2. CDE
3. ABC　　4. ABCDE
5. ABCDE

第二篇

财政总预算会计

第二章

财政总预算会计概述

一、学习要点

1. 财政总预算会计的概念及其特点。
2. 财政总预算的编制形式。
3. 财政总预算的收支分类。
4. 财政总预算会计科目。

二、复习题

(一) 判断题

1. 财政总预算是以行政事业单位作为预算主体来编制的政府预算。( )

2. 各级政府的财政总预算经过逐级汇总，最后至国家层面，形成整个国家的预算。( )

3. 我国政府财政总预算采用单式预算的编制形式，即将政府全部预算收入和预算支出汇集编入单一的总预算内，不区分各类预算收支的经济性质。( )

4. 在我国现行政府复式预算的种类中，国有资本经营预算是最基本的一种预算，它涉及政府活动的各个领域，并且在政府财政资金总额中也占据最大的份额。( )

5. 社会保险基金预算中的资金实际上是政府受托管理的资金，它归参加社会保险的公民所有，用于向参加社会保险的公民支付养老金、医疗费等社会保险领域，不可以用于其他由政府安排的公共支出领域，如国防、外交、义务教

育、公安、城乡建设等领域。 （ ）

（二）单项选择题

1. 财政总预算会计核算的内容中不包括（ ）。

A. 收入 B. 支出

C. 国库存款 D. 库存现金

2. 在财政总预算会计管理的有关银行账户中，属于非实存资金的账户是（ ）。

A. 国库单一账户 B. 零余额账户

C. 财政专户 D. 预算单位银行账户

3. 各级财政总预算会计不负责核算的事项是（ ）。

A. 固定资产 B. 各类财政资金收支

C. 财政债权债务的发生和结算 D. 上下级财政间的结算

4. 财政总预算会计科目的类别中不包括（ ）。

A. 资产 B. 负债

C. 净资产 D. 费用

5. 属于上下级财政间转移性收支的科目不包括（ ）。

A. 一般公共预算本级收入 B. 补助收入

C. 补助支出 D. 上解支出

（三）多项选择题

1. 财政总预算编制的主体包括（ ）。

A. 省政府 B. 市政府

C. 区政府 D. 省教育厅

E. 市审计局

2. 我国各级政府的财政总预算分为（ ）四个种类。

A. 一般公共预算 B. 政府性基金预算

C. 国有资本经营预算 D. 社会保险基金预算

E. 行政事业单位预算

3. 参与政府预算执行的机构有（ ）。

A. 财政部门 B. 税务部门

C. 海关 D. 人民银行

E. 商业银行

4. 在财政总预算会计中，“双轨制”或“双分录”会计记录方法广泛应用于（ ）。

A. 取得税收收入 B. 政府债券发行

C．政府债券还本　　D．政府股权投资

E．政府债券转贷

5．以下（　　）属于一级政府的转移性收入。

A．一般公共预算本级收入　　B．政府性基金预算本级收入

C．财政专户管理资金收入　　D．补助收入

E．上解收入

三、复习题答案

（一）判断题

1．×　　2．√

3．×　　4．×

5．√

（二）单项选择题

1．D　　2．B

3．A　　4．D

5．A

（三）多项选择题

1．ABC　　2．ABCD

3．ABCDE　　4．BCDE

5．DE

第三章

财政总预算会计的资产

一、学习要点

1. 财政总预算会计资产的概念和种类。
2. 国库单一账户制度及其账户体系。
3. 国库存款的概念和核算方法。
4. 与下级往来的概念和核算方法。
5. 应收地方政府债券转贷款的概念和核算方法。
6. 股权投资的概念和核算方法。

二、复习题

（一）判断题

1. 财政总预算会计管理的财政存款既可以办理转账，也可以提取现金。（　　）

2. 在国库单一账户制度下，所有财政资金都纳入国库单一账户体系管理，收入直接缴入国库或财政专户，支出通过国库单一账户体系支付到商品和劳务供应者或用款单位。（　　）

3. 目前，国库单一账户体系由财政部门开设的银行账户、预算单位自行开设的银行账户以及特设银行账户组成。（　　）

4. 财政部门零余额账户在人民银行开设，用于财政直接支付以及与国库单一账户进行清算。（　　）

5. 预算单位零余额账户是财政部门为预算单位在商业银行开设的零余额账户。该账户用于财政授权支付，以及与国库单一账户进行清算。 （ ）

（二）单项选择题

1. 财政总预算会计的资产不包括（ ）。

A. 存货　　B. 国库存款

C. 与下级往来　　D. 其他财政存款

2. 在国库单一账户体系中，财政部门开设的银行账户不包括（ ）。

A. 国库存款账户　　B. 财政部门零余额账户

C. 预算单位零余额账户　　D. 财政专户

3. 在国库单一账户体系中，属于实存财政资金的银行账户是（ ）。

A. 国库存款账户　　B. 财政部门零余额账户

C. 预算单位零余额账户　　D. 财政汇缴零余额账户

4. 与预算单位零余额账户进行清算的银行账户是（ ）。

A. 财政部门零余额账户

B. 国库存款账户

C. 财政汇缴零余额账户

D. 预算单位自行开设的银行存款账户

5. 财政总预算会计贷记“国库存款”科目时，借记的不会是（ ）科目。

A. “一般公共预算本级支出”　　B. “政府性基金预算本级支出”

C. “债务还本支出”　　D. “无形资产”

（三）多项选择题

1. 在财政总预算会计中，流动资产包括（ ）。

A. 国库存款　　B. 其他财政存款

C. 与下级往来　　D. 其他应收款

E. 应收地方政府债券转贷款

2. 国库单一账户体系中的银行账户包括（ ）。

A. 国库存款账户　　B. 财政部门零余额账户

C. 财政专户　　D. 预算单位银行存款账户

E. 预算单位零余额账户

3. 本级财政国库存款增加的业务主要有（ ）。

A. 办理库款拨付　　B. 收到本级财政预算收入

C. 收到上级财政补助收入　　D. 收到下级财政上解收入

E. 对下级财政补助

4. 相关被投资主体宣告发放现金股利或利润时，对于政府财政应分得的部分，财政总预算会计不作为（　　）核算。

A. 有价证券　　B. 在途款

C. 应收股利　　D. 应收利息

E. 其他应收款

5. 本级政府财政转贷给下级政府财政的地方政府债券资金不作为（　　）核算。

A. 预拨经费　　B. 借出款项

C. 与下级往来　　D. 股权投资

E. 应收地方政府债券转贷款

三、复习题答案

（一）判断题

1. ×　　2. √

3. ×　　4. ×

5. √

（二）单项选择题

1. A　　2. C

3. A　　4. B

5. D

（三）多项选择题

1. ABCD　　2. ABCE

3. BCD　　4. ABDE

5. ABCD

四、教材练习题答案

练习一

（1）收到预算收入。

借：国库存款	61 800	
贷：一般公共预算本级收入		35 500
政府性基金预算本级收入		8 400
国有资本经营预算本级收入		6 600
补助收入		10 200
上解收入		1 100

(2) 发生预算支出。

借：一般公共预算本级支出	30 800	
政府性基金预算本级支出	7 950	
国有资本经营预算本级支出	6 100	
补助支出	13 500	
债务转贷支出	4 500	
上解支出	500	
贷：国库存款		63 350

同时：

借：应收地方政府债券转贷款	4 500	
贷：资产基金——应收地方政府债券转贷款		4 500

(3) 确认应收利息。

借：应收地方政府债券转贷款	1 300	
贷：资产基金——应收地方政府债券转贷款		1 300

(4) 收到应收利息。

借：国库存款	1 300	
贷：其他应付款		1 300

同时：

借：资产基金——应收地方政府债券转贷款	1 300	
贷：应收地方政府债券转贷款		1 300

(5) 收到财政专户管理资金收入。

借：其他财政存款	6 800	
贷：财政专户管理资金收入		6 800

(6) 发生财政专户管理资金支出。

借：财政专户管理资金支出	4 950	
贷：其他财政存款		4 950

练习二

(1) 应补助所属某县财政款项。

借：补助支出	134 000	

贷：与下级往来		134 000

（2）拨付与下级往来款项。

借：与下级往来	134 000	
贷：国库存款		134 000

（3）应获得所属某县财政上解财政资金。

借：与下级往来	5 200	
贷：上解收入		5 200

（4）收到与下级往来款项。

借：国库存款	5 200	
贷：与下级往来		5 200

练习三

（1）代为偿付到期政府债券本息。

借：其他应收款	20 560	
贷：国库存款		20 560

（2）扣缴到期债券本息并处罚款。

借：与下级往来	20 860	
贷：其他应收款		20 560
上解收入		300

（3）收到垫付债券本息及迟缴罚款。

借：国库存款	20 860	
贷：与下级往来		20 860

练习四

（1）发生股权投资。

借：一般公共预算本级支出	50 000	
贷：国库存款		50 000

同时：

借：股权投资——投资成本	50 000	
贷：资产基金——股权投资		50 000

（2）基金公司报告实现投资收益。

借：股权投资——损益调整	2 500	
贷：资产基金——股权投资		2 500

（3）将一部分投资收益留作基金滚动使用。

借：股权投资——收益转增投资	1 000	
贷：股权投资——损益调整		1 000

(4) 基金公司宣告现金股利。

借：应收股利 880

贷：资产基金——应收股利 880

同时：

借：资产基金——股权投资 880

贷：股权投资——损益调整 880

(5) 收到现金股利。

借：国库存款 880

贷：一般公共预算本级收入 880

同时：

借：资产基金——应收股利 880

贷：应收股利 880

第四章

财政总预算会计的负债

一、学习要点

1. 财政总预算会计负债的概念和种类。
2. 应付政府债券的概念、种类和核算方法。
3. 与上级往来的概念和核算方法。
4. 应付转贷款的概念、种类和核算方法。
5. 应付国库集中支付结余的概念和核算方法。

二、复习题

(一) 判断题

1. 与上级往来是指政府财政临时发生的暂收、应付和收到的不明性质款项。 ( )

2. 在财政体制结算中，省财政应对所属市财政作一般公共预算补助的业务，省财政应通过“与上级往来”科目核算。 ( )

3. 月末，对当年形成的国库集中支付结余采用权责发生制列支时，借记有关支出科目，贷记“应付国库集中支付结余”科目。 ( )

4. 地方政府专项债券是指省、自治区、直辖市政府为没有收益的公益性项目发行的、约定一定期限内主要以一般公共预算收入还本付息的政府债券。

( )

5. 省财政收到所属市财政缴来的转贷省政府债券按年付息资金，省财政作为一般公共预算本级收入核算。（　　）

（二）单项选择题

1. “应付短期政府债券”总账科目下应当设置的一级明细科目不包括（　　）。

A. “应付国债”　　B. “应付地方政府一般债券”

C. “应付地方政府专项债券”　　D. “应付本金”

2. 本级政府财政承担的政府一般债券利息支出，记入（　　）科目。

A. “一般公共预算本级支出”

B. “政府性基金预算本级支出”

C. “国有资本经营预算本级支出”

D. “债务还本支出”

3. 短期政府债券是指偿还期限为（　　）的政府债券。

A. 超过 1 年　　B. 不超过 1 年

C. 1 年或者不超过 1 年　　D. 3 年、5 年、7 年或 10 年

4. 年末，对当年形成的国库集中支付结余采用权责发生制列支时，可以借记（　　）科目，贷记“应付国库集中支付结余”科目。

A. “一般公共预算本级支出”

B. “政府性基金预算本级支出”

C. “国有资本经营预算本级支出”

D. 以上 A、B、C

5. 本级政府财政归还借款、转作上级补助收入或体制结算中应由上级补给款项时，借记（　　）科目，贷记“国库存款”“补助收入”等科目。

A. “与上级往来”　　B. “与下级往来”

C. “其他应收款”　　D. “其他应付款”

（三）多项选择题

1. 以下负债中，（　　）属于流动负债。

A. 应付短期政府债券　　B. 与上级往来

C. 其他应付款　　D. 应付长期政府债券

E. 应付地方政府债券转贷款

2. 发行政府债券的业务不通过（　　）科目核算。

A. “一般公共预算本级收入”　　B. “政府性基金预算本级收入”

C. “应付短期政府债券”　　D. “债务收入”

E. “应付长期政府债券”

3. “应付长期政府债券”总账科目的核算内容包括（　　）。

A. 应付利息　　B. 应付国债

C. 应付地方政府一般债券　　D. 应付地方政府专项债券

E. 应付本金

4. 借记有关支出科目，贷记的对应科目可以有（　　）科目。

A. “与下级往来”　　B. “应付国库集中支付结余”

C. “与上级往来”　　D. “应付代管资金”

E. “国库存款”

5. 地方政府债券转贷业务中可能使用的会计核算科目有（　　）科目。

A. “债务转贷收入”　　B. “国库存款”

C. “应收股利”　　D. “待偿债净资产”

E. “应付地方政府债券转贷款”

三、复习题答案

（一）判断题

1. ×　　2. ×

3. ×　　4. ×

5. ×

（二）单项选择题

1. D　　2. A

3. C　　4. D

5. A

（三）多项选择题

1. ABC　　2. AB

3. ABCDE　　4. ABCE

5. ABDE

四、教材练习题答案

练习一

（1）应上解上级财政款项。

借：上解支出	6 600	
贷：与上级往来		6 600

（2）上缴与上级往来款项。

借：与上级往来	6 600	
贷：国库存款		6 600

（3）应获得上级财政补助资金。

借：与上级往来	38 000	
贷：补助收入		38 000

（4）收到与上级往来款项。

借：国库存款	38 000	
贷：与上级往来		38 000

练习二

（1）收到政府债券转贷款还本付息资金。

借：国库存款	61 000	
贷：其他应付款		61 000

同时：

借：资产基金——应收地方政府债券转贷款	60 250	
贷：应收地方政府债券转贷款		60 250

（2）确认应付国库集中支付结余。

借：一般公共预算本级支出——专项普查活动	3 200	
贷：应付国库集中支付结余		3 200

“专项普查活动”科目反映统计部门开展人口普查、经济普查、农业普查、投入产出调查等周期性普查工作的支出。

练习三

（1）实际收到长期政府债券发行收入时。

借：国库存款	650 000	
贷：债务收入		650 000

同时：

借：待偿债净资产——应付长期政府债券	650 000	
贷：应付长期政府债券		650 000

（2）向债券承销团成员支付债券发行手续费时。

借：一般公共预算本级支出	650	
贷：国库存款		650

（3）年末确认长期政府债券的应付利息时。

借：待偿债净资产——应付长期政府债券	3 965	
贷：应付长期政府债券		3 965

（4）每年实际支付长期政府债券利息时。

借：一般公共预算本级支出	15 860	
贷：国库存款		15 860

同时：

借：应付长期政府债券	3 965	
贷：待偿债净资产——应付长期政府债券		3 965

（5）到期实际偿付长期政府债券本息时。

借：债务还本支出	650 000	
一般公共预算本级支出	15 860	
贷：国库存款		665 860

同时：

借：应付长期政府债券	653 965	
贷：待偿债净资产——应付长期政府债券		653 965

练习四

（1）收到上级省政府财政转贷的地方政府债券资金时。

借：国库存款	450 000	
贷：债务转贷收入		450 000

同时：

借：待偿债净资产——应付地方政府债券转贷款	450 000	
贷：应付地方政府债券转贷款		450 000

（2）每年确认省政府债券转贷款的应付利息时。

借：待偿债净资产——应付地方政府债券转贷款	5 600	
贷：应付地方政府债券转贷款		5 600

（3）每年按时支付由市政府财政承担的省政府债券转贷款利息时。

借：一般公共预算本级支出	5 600	
贷：国库存款		5 600

同时：

借：应付地方政府债券转贷款　5 600

　贷：待偿债净资产——应付地方政府债券转贷款　5 600

（4）按时偿还由市政府财政承担的省政府债券转贷款本金时。

借：债务还本支出　450 000

　贷：国库存款　450 000

同时：

借：应付地方政府债券转贷款　450 000

　贷：待偿债净资产——应付地方政府债券转贷款　450 000

第五章

财政总预算会计的收入

一、学习要点

1. 财政总预算会计收入的概念和种类。
2. 一般公共预算本级收入的概念和种类。
3. 一般公共预算本级收入的收缴方式和程序。
4. 一般公共预算本级收入的列报基础和核算方法。
5. 政府性基金预算本级收入的概念、种类和核算方法。
6. 国有资本经营预算本级收入的概念、种类和核算方法。
7. 财政专户管理资金收入的概念、种类和核算方法。
8. 转移性收入的概念、种类和核算方法。
9. 债务收入和债务转贷收入的概念、种类和核算方法。

二、复习题

(一) 判断题

1. 税收收入反映政府通过征税取得的一般公共预算收入和政府性基金预算收入。（ ）

2. 政府非税收入应当纳入政府财政管理，实行收支脱钩的管理办法，即收支两条线的管理办法。（ ）

3. 财政总预算会计凭中国人民银行国库报来的预算收入日报表及其所附有关凭证，列报一般公共预算本级收入。（ ）

4. 政府性基金预算本级收入属于政府的非税财政收入。（　）

5. 债务收入是指政府通过发行债券或借款等方式取得的资金收入，是政府的负债，不是政府的收入。（　）

（二）单项选择题

1. “一般公共预算本级收入”总账科目不反映（　）收入。

A. 增值税　　B. 消费税

C. 城市维护建设税　　D. 债券发行收入

2. 罚没收入一般属于（　）。

A. 一般公共预算本级收入　　B. 政府性基金预算本级收入

C. 国有资本经营预算本级收入　　D. 财政专户管理资金收入

3. “一般公共预算本级收入”总账科目中的非税收入不包括（　）。

A. 行政事业性收费收入　　B. 罚没收入

C. 国有资本经营收入　　D. 上级补助收入

4. 税收收入是（　）总账科目反映的内容。

A.“国有资本经营预算本级收入”

B.“政府性基金预算本级收入”

C.“一般公共预算本级收入”

D.“财政专户管理资金收入”

5. 年终结账时，“债务收入”科目贷方余额转入（　）科目。

A.“一般公共预算结转结余”

B.“政府性基金预算结转结余”

C.“国有资本经营预算结转结余”

D. 以上A或B。

（三）多项选择题

1. 财政总预算会计核算的收入包括（　）。

A. 一般公共预算本级收入

B. 政府性基金预算本级收入

C. 国有资本经营预算本级收入

D. 转移性收入

E. 债务收入

2. 财政总预算会计核算的一般公共预算本级收入不包括（　）。

A. 税收收入　　B. 财政专户管理资金收入

C. 债务收入　　D. 债务转贷收入

E. 转移性收入

3. 一般公共预算本级收入核算的内容包括（　　）。

A. 行政事业性收费收入

B. 罚没收入

C. 国有资源（资产）有偿使用收入

D. 增值税收入

E. 彩票公益金收入

4. 财政专户管理资金收入核算的内容不包括（　　）。

A. 高等学校学费　　B. 高等学校住宿费

C. 股利股息收入　　D. 国有土地使用权出让收入

E. 企业所得税收入

5. 财政总预算会计核算的转移性收入不包括（　　）。

A. 一般公共预算本级收入　　B. 债务收入

C. 调入资金　　D. 上解收入

E. 补助收入

三、复习题答案

（一）判断题

1. ×　　2. √

3. √　　4. √

5. ×

（二）单项选择题

1. D　　2. A

3. D　　4. C

5. D

（三）多项选择题

1. ABCDE　　2. BCDE

3. ABCD　　4. CDE

5. AB

四、教材练习题答案

练习一

（1）收到一般公共预算本级收入。

借：国库存款 193 000

贷：一般公共预算本级收入 193 000

同时，在“一般公共预算本级收入”总账科目的贷方登记明细账如下：

增值税	78 200
企业所得税	45 600
房产税	69 200

（2）收到一般公共预算本级收入。

借：国库存款 130 500

贷：一般公共预算本级收入 130 500

同时，在“一般公共预算本级收入”总账科目的贷方登记明细账如下：

专项收入	44 500
行政事业性收费收入	8 200
罚没收入	77 800

（3）收到一般公共预算本级收入。

借：国库存款 181 300

贷：一般公共预算本级收入 181 300

同时，在“一般公共预算本级收入”总账科目的贷方登记明细账如下：

国有资本经营收入	152 100
国有资源（资产）有偿使用收入	25 800
政府住房基金收入	3 400

练习二

（1）收到政府性基金预算本级收入。

借：国库存款 121 700

贷：政府性基金预算本级收入 121 700

同时，在“政府性基金预算本级收入”总账科目的贷方登记明细账如下：

国有土地使用权出让收入	63 200
彩票公益金收入	58 500

（2）收到国有资本经营预算本级收入。

借：国库存款　　165 000

　贷：国有资本经营预算本级收入　　165 000

同时，在“国有资本经营预算本级收入”总账科目的贷方登记明细账如下：

利润收入　　23 000

产权转让收入　　142 000

练习三

（1）收到财政专户管理的资金收入。

借：其他财政存款　　273 200

　贷：财政专户管理资金收入　　273 200

同时，在“财政专户管理资金收入”总账科目的贷方登记明细账如下：

教育行政事业性收费收入　　235 000

卫生行政事业性收费收入　　38 200

（2）通过预算支出安排取得专用基金收入。

借：一般公共预算本级支出　　36 000

　贷：专用基金收入　　36 000

同时，在“专用基金收入”总账科目的贷方登记明细账如下：

粮食风险基金　　36 000

练习四

（1）收到中央一般公共预算转移性收入。

借：国库存款　　285 000

　贷：补助收入　　285 000

同时，在“补助收入”总账科目的贷方登记明细账如下：

一般性转移支付收入　　250 000

专项转移支付收入　　35 000

（2）收到所属某市一般公共预算转移性收入。

借：国库存款　　36 000

　贷：上解收入　　36 000

同时，在“上解收入”总账科目的贷方登记明细账如下：

专项上解收入　　36 000

（3）从政府性基金预算中调入资金。

借：调出资金　　85 000

　贷：调入资金　　85 000

同时，在“调入资金”总账科目的贷方登记明细账如下：

调入一般公共预算资金　　85 000

(4) 收到中央政府性基金预算转移性收入。

借：国库存款　45 600

　贷：补助收入　45 600

同时，在"补助收入"总账科目的贷方登记明细账如下：

政府性基金补助收入　45 600

练习五

(1) 调用预算稳定调节基金。

借：预算稳定调节基金　50 000

　贷：动用预算稳定调节基金　50 000

(2) 年终结转"动用预算稳定调节基金"科目贷方余额。

借：动用预算稳定调节基金　50 000

　贷：一般公共预算结转结余　50 000

练习六

(1) 收到地方政府长期一般债券发行收入。

借：国库存款　600 000

　贷：债务收入　600 000

同时：

借：待偿债净资产　600 000

　贷：应付长期政府债券　600 000

同时，在"债务收入"总账科目的贷方登记明细账如下：

一般债务收入　600 000

(2) 收到地方政府长期专项债券发行收入。

借：国库存款　450 000

　贷：债务收入　450 000

同时：

借：待偿债净资产　450 000

　贷：应付长期政府债券　450 000

同时，在"债务收入"总账科目的贷方登记明细账如下：

专项债务收入　450 000

练习七

(1) 取得一笔地方政府一般债务转贷收入。

借：国库存款　320 000

　贷：债务转贷收入　320 000

同时：

借：待偿债净资产　　320 000

　贷：应付地方政府债券转贷款　　320 000

同时，在“债务转贷收入”总账科目的贷方登记明细账如下：

地方政府一般债务转贷收入　　320 000

（2）取得一笔地方政府专项债务转贷收入。

借：国库存款　　54 000

　贷：债务转贷收入　　54 000

同时：

借：待偿债净资产　　54 000

　贷：应付地方政府债券转贷款　　54 000

同时，在“债务转贷收入”总账科目的贷方登记明细账如下：

地方政府专项债务转贷收入　　54 000

练习八

（1）结转一般公共预算类收入科目。

借：一般公共预算本级收入　　2 580 000

　债务转贷收入——地方政府一般债务转贷收入　　60 000

　补助收入——一般性转移支付收入　　210 000

　　　　——专项转移支付收入　　185 000

　上解收入——体制上解收入　　36 400

　调入资金——调入一般公共预算资金　　45 000

　动用预算稳定调节基金　　23 000

　贷：一般公共预算结转结余　　3 139 400

（2）结转政府性基金预算类收入科目。

借：政府性基金预算本级收入　　890 000

　上解收入——政府性基金上解收入　　20 000

　贷：政府性基金预算结转结余　　910 000

（3）结转国有资本经营预算类收入科目。

借：国有资本经营预算本级收入　　122 000

　贷：国有资本经营预算结转结余　　122 000

（4）结转专用基金收入科目。

借：专用基金收入　　5 500

　贷：专用基金结余　　5 500

（5）结转财政专户管理资金收入科目。

借：财政专户管理资金收入　　115 000

贷：财政专户管理资金结余 115 000

练习九

(1) 一般公共预算收到增值税收入。

借：国库存款 423 300

贷：一般公共预算本级收入 423 300

同时，在“一般公共预算本级收入”总账科目的贷方登记明细账如下：

增值税 423 300

(2) 一般公共预算收到企业所得税收入。

借：国库存款 668 800

贷：一般公共预算本级收入 668 800

同时，在“一般公共预算本级收入”总账科目的贷方登记明细账如下：

企业所得税 668 800

(3) 一般公共预算收到行政事业性收费收入。

借：国库存款 12 800

贷：一般公共预算本级收入 12 800

同时，在“一般公共预算本级收入”总账科目的贷方登记明细账如下：

行政事业性收费收入 12 800

(4) 一般公共预算收到罚没收入。

借：国库存款 31 700

贷：一般公共预算本级收入 31 700

同时，在“一般公共预算本级收入”总账科目的贷方登记明细账如下：

罚没收入 31 700

(5) 一般公共预算收到一般性转移支付收入。

借：国库存款 153 300

贷：补助收入 153 300

同时，在“补助收入”总账科目的贷方登记明细账如下：

一般性转移支付收入 153 300

(6) 一般公共预算收到债务收入。

借：国库存款 56 000

贷：债务收入 56 000

同时，在“债务收入”总账科目的贷方登记明细账如下：

地方政府债务收入 56 000

同时：

借：待偿债净资产 56 000

贷：应付长期政府债券 56 000

(7) 政府性基金预算收到城市基础设施配套费收入75 500元。

借：国库存款 75 500

　　贷：政府性基金预算本级收入 75 500

同时，在“政府性基金预算本级收入”总账科目的贷方登记明细账如下：

城市基础设施配套费收入 75 500

(8) 国有资本经营预算收到利润收入123 000元。

借：国库存款 123 000

　　贷：国有资本经营预算本级收入 123 000

同时，在“国有资本经营预算本级收入”总账科目的贷方登记明细账如下：

利润收入 123 000

第六章

财政总预算会计的支出

一、学习要点

1. 财政总预算会计支出的概念和种类。
2. 一般公共预算本级支出的概念和种类。
3. 一般公共预算本级支出的支付方式和程序。
4. 一般公共预算本级支出的列报基础和核算方法。
5. 政府性基金预算本级支出的概念和核算方法。
6. 国有资本经营预算本级支出的概念和核算方法。
7. 财政专户管理资金支出的概念和核算方法。
8. 转移性支出的概念、种类和核算方法。
9. 债务还本支出的概念和核算方法。

二、复习题

(一) 判断题

1. 财政总预算会计的支出不包括债务还本支出。 ( )

2. 一般公共预算支出按功能分类等同于按部门分类。 ( )

3. 财政直接支付是指由预算单位开具支付令，通过国库单一账户体系，直接将财政资金支付到商品或劳务供应者账户的支付方式。 ( )

4. 财政授权支付是指由财政部门开具支付令，通过国库单一账户体系将资金支付到货品或劳务供应者账户的支付方式。 ( )

5. 与一般公共预算支出相比，政府性基金预算支出具有专款专用的特征。（　　）

（二）单项选择题

1. 在《政府收支分类科目》中，属于一般公共服务支出的科目是（　　）。

A. 财政事务　　B. 公共安全支出

C. 教育管理事务　　D. 民政管理事务

2. 在《政府收支分类科目》中，属于公益事业支出的科目是（　　）。

A. 医疗卫生管理事务　　B. 教育管理事务

C. 普通教育　　D. 科学技术管理事务

3. 在《政府收支分类科目》中，反映行政单位基本支出的科目是（　　）。

A. 预算改革业务　　B. 财政国库业务

C. 信息化建设　　D. 行政运行

4. “一般公共预算本级支出”总账科目的对应科目不会是（　　）。

A. “国库存款”　　B. “应付国库集中支付结余”

C. “一般公共预算结转结余”　　D. “与下级往来”

5. 年终结账时，“债务还本支出”总账科目中的专项债务还本数额应当转入（　　）科目。

A. “一般公共预算结转结余”

B. “政府性基金预算结转结余”

C. “国有资本经营预算结转结余”

D. “财政专户管理资金结余”

（三）多项选择题

1. 政府预算支出经济分类科目包括（　　）。

A. 一般公共服务支出　　B. 教育支出

C. 机关工资福利支出　　D. 机关商品和服务支出

E. 对事业单位经常性补助

2. 一般公共服务支出包括（　　）。

A. 人大事务　　B. 财政事务

C. 审计事务　　D. 教育事务

E. 食品和药品监督管理事务

3. 财政对基本养老保险基金的补助不属于（　　）。

A. 医疗卫生与计划生育支出　　B. 社会保障和就业支出

C. 一般公共服务支出　　D. 科学技术支出

E. 公共安全支出

4. 政府性基金预算支出中没有（　　）。

A. 一般公共服务支出　　B. 国防支出

C. 交通运输支出　　D. 公共安全支出

E. 国有资本经营预算支出

5. 在财政总预算会计中，“补助支出”总账科目设置的明细科目包括（　　）科目。

A.“债务转贷支出”　　B.“债务还本支出”

C.“地区间援助支出”　　D.“一般公共预算补助支出”

E.“政府性基金预算补助支出”

三、复习题答案

（一）判断题

1. ×　　2. ×

3. ×　　4. ×

5. √

（二）单项选择题

1. A　　2. C

3. D　　4. D

5. B

（三）多项选择题

1. CDE　　2. ABC

3. ACDE　　4. ABDE

5. DE

四、教材练习题答案

练习一

（1）一般公共预算发生税收事务、审计事务支出。

借：一般公共预算本级支出　　53 300

贷：国库存款　　53 300

同时，在“一般公共预算本级支出”总账科目的借方登记明细账如下：

一般公共服务支出——税收事务（机关工资福利支出）　　22 300

一般公共服务支出——审计事务（对个人和家庭的补助）　　31 000

（2）一般公共预算发生公安、法院支出。

借：一般公共预算本级支出　　41 100

贷：国库存款　　41 100

同时，在“一般公共预算本级支出”总账科目的借方登记明细账如下：

公共安全支出——公安（机关资本性支出）　　28 100

公共安全支出——法院（机关商品和服务支出）　　13 000

（3）一般公共预算发生工商行政管理事务、环境监测与监察支出。

借：一般公共预算本级支出　　64 300

贷：国库存款　　64 300

同时，在“一般公共预算本级支出”总账科目的借方登记明细账如下：

一般公共服务支出——工商行政管理事务（机关资本性支出）　　38 100

节能环保支出——环境监测与监察（机关商品和服务支出）　　26 200

（4）一般公共预算发生普通教育、公立医院支出。

借：一般公共预算本级支出　　576 000

贷：国库存款　　576 000

同时，在“一般公共预算本级支出”总账科目的借方登记明细账如下：

教育支出——普通教育（对事业单位经常性补助）　　355 000

医疗卫生与计划生育支出——公立医院（对事业单位资本性补助）

221 000

（5）支付社会保险补助。

借：一般公共预算本级支出　　236 000

贷：国库存款　　236 000

同时，在“一般公共预算本级支出”总账科目的借方登记明细账如下：

社会保障和就业支出——财政对基本养老保险基金的补助（对社会保障基金补助）　　135 000

医疗卫生与计划生育支出——财政对基本医疗保险基金的补助（对社会保障基金补助）　　101 000

（6）一般公共预算发生文物、农业支出。

借：一般公共预算本级支出　　86 200

贷：应付国库集中支付结余　　86 200

同时，在“一般公共预算本级支出”总账科目的借方登记明细账如下：

文化体育与传媒支出——文物（对事业单位经常性补助）　　63 000

农林水支出——农业（对个人和家庭的补助）　23 200

练习二

（1）发生彩票公益金及对应专项债务收入安排的支出。

借：政府性基金预算本级支出　88 800

贷：国库存款　88 800

同时，在“政府性基金预算本级支出”总账科目的借方登记明细账如下：

彩票公益金及对应专项债务收入安排的支出（对事业单位的经常性补助）　68 800

彩票公益金及对应专项债务收入安排的支出（对事业单位的资本性补助）　20 000

（2）发生国家电影事业发展专项资金及对应专项债务收入安排的支出、国有土地使用权出让收入及对应专项债务收入安排的支出。

借：政府性基金预算本级支出　137 500

贷：国库存款　137 500

同时，在“政府性基金预算本级支出”总账科目的借方登记明细账如下：

国家电影事业发展专项资金及对应专项债务收入安排的支出（对企业的资本性支出）　72 000

国有土地使用权出让收入及对应专项债务收入安排的支出（对企业的资本性支出）　65 500

（3）发生国有资本经营预算本级支出。

借：国有资本经营预算本级支出　127 000

贷：国库存款　127 000

同时，在“国有资本经营预算本级支出”总账科目的借方登记明细账如下：

解决历史遗留问题及改革成本支出（对个人和家庭的补助）　42 000

企业资本金注入（对企业的补助）　85 000

（4）发生国有资本经营预算本级支出。

借：国有资本经营预算本级支出　175 000

贷：应付国库集中支付结余　175 000

同时，在“国有资本经营预算本级支出”总账科目的借方登记明细账如下：

国有企业政策性补贴（对企业的补助）　175 000

练习三

（1）发生教育收费财政专户管理资金支出。

借：财政专户管理资金支出　125 800

贷：其他财政存款　125 800

同时，在“财政专户管理资金支出”总账科目的借方登记明细账如下：

教育支出——普通教育——高等教育 76 000

教育支出——职业教育——高等职业教育 49 800

（2）发生专用基金支出。

借：专用基金支出 45 000

贷：其他财政存款 45 000

同时，在“专用基金支出”总账科目的借方登记明细账如下：

粮食风险基金——储备粮油的利息费用 45 000

练习四

（1）发生均衡性转移支付支出、节能环保专项转移支付支出。

借：补助支出 220 000

贷：国库存款 220 000

同时，在“补助支出”总账科目的借方登记明细账如下：

一般性转移支付——均衡性转移支付支出（上下级政府间转移性支出） 145 000

专项转移支付——节能环保（上下级政府间转移性支出） 75 000

（2）发生政府性基金补助支出。

借：补助支出 125 200

贷：国库存款 125 200

同时，在“补助支出”总账科目的借方登记明细账如下：

政府性基金补助支出（上下级政府间转移性支出） 125 200

（3）发生体制上解支出。

借：上解支出 75 300

贷：国库存款 75 300

同时，在“上解支出”总账科目的借方登记明细账如下：

体制上解支出（上下级政府间转移性支出） 75 300

（4）发生结算补助支出。

借：补助支出 85 500

贷：与下级往来 85 500

同时，在“补助支出”总账科目的借方登记明细账如下：

一般性转移支付——结算补助支出（上下级政府间转移性支出） 85 500

（5）安排预算稳定调节基金。

借：安排预算稳定调节基金 50 000

贷：预算稳定调节基金 50 000

练习五

（1）偿还债券本金。

借：债务还本支出 606 000

贷：国库存款 606 000

同时，在“债务还本支出”总账科目的借方登记明细账如下：

地方政府一般债务还本支出——地方政府一般债券还本支出 450 000

地方政府专项债务还本支出——车辆通行费债务还本支出 156 000

同时：

借：应付长期政府债券 606 000

贷：待偿债净资产——应付长期政府债券 606 000

（2）发生债务转贷支出。

借：债务转贷支出 225 000

贷：国库存款 225 000

同时，在“债务转贷支出”总账科目的借方登记明细账如下：

地方政府一般债券转贷支出 225 000

同时：

借：应收地方政府债券转贷款 225 000

贷：资产基金——应收地方政府债券转贷款 225 000

（3）结转债务还本支出。

借：一般公共预算结转结余 650 000

政府性基金预算结转结余 320 000

贷：债务还本支出 970 000

（4）结转债务转贷支出。

借：一般公共预算结转结余 585 000

政府性基金预算结转结余 240 000

贷：债务转贷支出 825 000

练习六

（1）结转一般公共预算类支出科目。

借：一般公共预算结转结余 855 500

贷：一般公共预算本级支出 452 000

补助支出——一般性转移支付 153 000

——专项转移支付 82 300

上解支出——体制上解支出 3 600

安排预算稳定调节基金 5 000

债务还本支出——地方政府一般债务还本支出　　80 000
债务转贷支出——地方政府一般债券转贷支出　　79 600

（2）结转政府性基金预算类支出科目。

借：政府性基金预算结转结余　　371 600
　贷：政府性基金预算本级支出　　221 000
　　补助支出——政府性基金补助支出　　114 000
　　调出资金——政府性基金预算调出资金　　16 600
　　债务转贷支出——地方政府专项债务转贷支出　　20 000

（3）结转国有资本经营预算类支出科目。

借：国有资本经营预算结转结余　　88 500
　贷：国有资本经营预算本级支出　　88 500

（4）结转财政专户管理资金支出科目。

借：财政专户管理资金结余　　25 200
　贷：财政专户管理资金支出　　25 200

（5）结转专用基金支出科目。

借：专用基金结余　　2 500
　贷：专用基金支出　　2 500

练习七

（1）一般公共预算发生一般公共服务支出。

借：一般公共预算本级支出　　28 600
　贷：国库存款　　28 600

同时，在“一般公共预算本级支出”总账科目的借方登记明细账如下：

一般公共服务支出——审计事务（机关工资福利支出）　　28 600

（2）一般公共预算发生教育支出。

借：一般公共预算本级支出　　66 300
　贷：国库存款　　66 300

同时，在“一般公共预算本级支出”总账科目的借方登记明细账如下：

教育支出——普通教育（对事业单位经常性补助）　　66 300

（3）一般公共预算发生医疗卫生与计划生育支出。

借：一般公共预算本级支出　　22 250
　贷：国库存款　　22 250

同时，在“一般公共预算本级支出”总账科目的借方登记明细账如下：

医疗卫生与计划生育支出——基层医疗卫生机构（对事业单位资本性补助）　　22 250

（4）政府性基金预算发生城市基础设施配套费及对应专项债务收入安排的支出。

借：政府性基金预算本级支出 145 000

贷：国库存款 145 000

同时，在“政府性基金预算本级支出”总账科目的借方登记明细账如下：

城市基础设施配套费及对应专项债务收入安排的支出（机关资本性支出） 145 000

（5）国有资本经营预算发生国有企业资本金注入支出。

借：国有资本经营预算本级支出 23 100

贷：国库存款 23 100

同时，在“国有资本经营预算本级支出”总账科目的借方登记明细账如下：

国有企业资本金注入（对企业资本性支出） 23 100

（6）一般公共预算发生债务还本支出。

借：债务还本支出 12 500

贷：国库存款 12 500

同时，在“债务还本支出”总账科目的借方登记明细账如下：

地方政府一般债务还本支出（债务还本支出） 12 500

（7）一般公共预算发生转移性支出。

借：补助支出 36 800

贷：国库存款 36 800

同时，在“补助支出”总账科目的借方登记明细账如下：

一般性转移支付（转移性支出） 36 800

（8）一般公共预算发生社会保障和就业支出。

借：一般公共预算本级支出 25 800

贷：国库存款 25 800

同时，在“一般公共预算本级支出”总账科目的借方登记明细账如下：

社会保障和就业支出——财政对基本养老保险基金的补助（对社会保障基金补助） 25 800

（9）一般公共预算发生债务转贷支出。

借：债务转贷支出 85 000

贷：国库存款 85 000

同时，在“债务转贷支出”总账科目的借方登记明细账如下：

地方政府一般债券转贷支出（转移性支出） 85 000

第七章

财政总预算会计的净资产

一、学习要点

1. 财政总预算会计净资产的概念和种类。
2. 一般公共预算结转结余的概念和核算方法。
3. 政府性基金预算结转结余的概念和核算方法。
4. 国有资本经营预算结转结余的概念和核算方法。
5. 财政专户管理资金结余的概念和核算方法。
6. 预算稳定调节基金的概念和核算方法。
7. 预算周转金的概念和核算方法。
8. 资产基金和待偿债净资产的概念和核算方法。

二、复习题

（一）判断题

1. 财政总预算会计核算的结转结余包括一般公共预算结转结余、政府性基金预算结转结余、国有资本经营预算结转结余、补助结转结余等。（　　）

2. 一般公共预算收入包括一般公共预算本级收入、一般公共预算补助收入、一般公共预算上解收入、一般公共预算调入资金，不包括债务收入、债务转贷收入、地区间援助收入等。（　　）

3. 一般公共预算支出仅包括一般公共预算本级支出，不包括一般公共预算

补助支出、一般公共预算上解支出、一般公共预算调出资金等。（　　）

4. “政府性基金预算结转结余”科目应根据政府性基金预算收入科目所列的政府性基金种类逐一结出各种类政府性基金的结转结余。（　　）

5. 与政府性基金预算存在很多种类的基金、每种基金都有一个单独的结转结余数额不同，国有资本经营预算是一个各种收入综合安排使用的预算，因此，其结转结余也是一个综合结转结余。（　　）

（二）单项选择题

1. 一般公共预算收入不包括（　　）。

A. 一般公共预算本级收入　B. 一般公共预算补助收入

C. 政府性基金预算本级收入　D. 一般公共预算债务收入

2. 政府财政纳入一般公共预算管理的收支相抵形成的结转结余在（　　）科目中核算和反映。

A. “一般公共预算结转结余”　B. “一般公共预算本级结转结余”

C. “政府性基金预算结转结余”　D. “国有资本经营预算结转结余”

3. 当年已经安排预算，但由于各种原因尚未实现拨款，在次年需要继续按照原来的预算执行，在国库集中支付制度下，由此形成的年末可用一般公共预算资金应当借记（　　）科目，贷记“应付国库集中支付结余”科目。

A. “一般公共预算本级支出”　B. “一般公共预算结转结余”

C. “一般公共预算本级收入”　D. “专用基金结余”

4. 年终结账时，（　　）科目余额不转入“一般公共预算结转结余”总账科目。

A. “一般公共预算本级收入”　B. “一般公共预算本级支出”

C. “补助收入”　D. “预算稳定调节基金”

5. “待偿债净资产”科目属于净资产类科目，其期末余额（　　）。

A. 在贷方　B. 在借方

C. 在借方或贷方　D. 为零

（三）多项选择题

1. 财政总预算会计核算的净资产包括（　　）。

A. 一般公共预算结转结余　B. 政府性基金预算结转结余

C. 国有资本经营预算结转结余　D. 财政专户管理资金结余

E. 应付国库集中支付结余

2. 转入一般公共预算结转结余的支出包括（　　）。

A. 一般公共预算本级支出　B. 政府性基金预算本级支出

C. 一般公共预算补助支出　　D. 一般债务还本支出
E. 安排预算稳定调节基金

3. 转入政府性基金预算结转结余的收入包括（　　）。
A. 政府性基金预算本级收入　　B. 政府性基金预算补助收入
C. 动用预算稳定调节基金　　D. 专项债务转贷收入
E. 专项债务收入

4. 在财政总预算会计中，“资产基金”总账科目设置的明细科目包括（　　）科目。
A. “应收地方政府债券转贷款”　　B. “与下级往来”
C. “应收主权外债转贷款”　　D. “股权投资”
E. “应收股利”

5. 在财政总预算会计中，“待偿债净资产”总账科目设置的明细科目包括（　　）科目。
A. “其他应付款”　　B. “应付短期政府债券”
C. “应付长期政府债券”　　D. “借入款项”
E. “应付地方政府债券转贷款”

三、复习题答案

（一）判断题

1. ×　　2. ×
3. ×　　4. √
5. √

（二）单项选择题

1. C　　2. A
3. A　　4. D
5. B

（三）多项选择题

1. ABCD　　2. ACDE
3. ABDE　　4. ACDE
5. BCDE

四、教材练习题答案

练习一

（1）结转一般公共预算收支科目余额。

借：一般公共预算本级收入	682 000	
补助收入——一般性转移支付收入	342 000	
——专项转移支付收入	210 000	
上解收入——体制上解收入	15 200	
调入资金——调入一般公共预算资金	6 900	
债务转贷收入——地方政府一般债务转贷收入	65 000	
贷：一般公共预算结转结余		1 321 100

同时：

借：一般公共预算结转结余	1 319 200	
贷：一般公共预算本级支出		523 000
补助支出——一般性转移支付		420 000
——专项转移支付		325 000
上解支出——专项上解支出		2 200
安排预算稳定调节基金		4 000
债务还本支出——地方政府一般债务还本支出		45 000

当年一般公共预算结转结余＝1 321 100－1 319 200＝1 900(元)

（2）结转政府性基金预算收支科目余额。

借：政府性基金预算本级收入	188 000	
补助收入——政府性基金补助收入	32 200	
债务转贷收入——地方政府专项债务转贷收入	56 300	
贷：政府性基金预算结转结余		276 500

同时：

借：政府性基金预算结转结余	270 400	
贷：政府性基金预算本级支出		206 000
补助支出——政府性基金补助支出		5 500
调出资金——政府性基金预算调出资金		6 900
债务还本支出——地方政府专项债务还本支出		52 000

当年政府性基金预算结转结余＝276 500－270 400＝6 100(元)

（3）结转国有资本经营预算收支科目余额。

借：国有资本经营预算本级收入　　312 200

　贷：国有资本经营预算结转结余　　312 200

同时：

借：国有资本经营预算结转结余　　305 000

　贷：国有资本经营预算本级支出　　305 000

当年国有资本经营预算结转结余＝312 200－305 000＝7 200(元)

（4）结转财政专户管理资金收支科目余额。

借：财政专户管理资金收入　　89 600

　贷：财政专户管理资金结余　　89 600

同时：

借：财政专户管理资金结余　　88 500

　贷：财政专户管理资金支出　　88 500

当年财政专户管理资金结余＝89 600－88 500＝1 100(元)

（5）结转专用基金收支科目余额。

借：专用基金收入　　15 000

　贷：专用基金结余　　15 000

同时：

借：专用基金结余　　12 400

　贷：专用基金支出　　12 400

当年专用基金结余＝15 000－12 400＝2 600(元)

练习二

（1）动用预算稳定调节基金。

借：预算稳定调节基金　　66 000

　贷：动用预算稳定调节基金　　66 000

（2）将一般公共预算结余资金用来补充预算稳定调节基金。

借：安排预算稳定调节基金　　5 200

　贷：预算稳定调节基金　　5 200

（3）将预算周转金调入预算稳定调节基金。

借：预算周转金　　3 000

　贷：预算稳定调节基金　　3 000

第八章

财政总预算会计报表

一、学习要点

1. 财政总预算会计报表的概念和种类。
2. 财政总预算会计资产负债表的概念和编制方法。
3. 财政总预算会计收入支出表的概念和编制方法。
4. 一般公共预算执行情况表的概念和编制方法。
5. 政府性基金预算执行情况表的概念和编制方法。
6. 国有资本经营预算执行情况表的概念和编制方法。
7. 财政专户管理资金收支情况表的概念和编制方法。
8. 预算绩效评价的概念与主要指标。

二、复习题

(一) 判断题

1. 在财政总预算会计中，资产负债表是反映某一特定时日一级政府财务状况的会计报表。 ( )

2. 一般公共预算执行情况表是各级财政部门反映所有财政收入、支出预算执行情况的会计报表。 ( )

3. 在一般公共预算执行情况表中，上级补助收入不属于一般公共预算本级收入。 ( )

4. 一级政府的债务收入不列入一般公共预算执行情况表中。（　　）

5. 在一般公共预算执行情况表中，补助下级支出属于一般公共预算本级支出合计的组成项目。（　　）

（二）单项选择题

1. 以下纳入财政总预算会计资产负债表的项目是（　　）。

A. 动用预算稳定调节基金　　B. 安排预算稳定调节基金

C. 预算稳定调节基金　　D. 调入资金

2. 在一般公共预算执行情况表中，属于本级收入合计的线下项目是（　　）。

A. 税收收入　　B. 行政事业性收费收入

C. 罚没收入　　D. 动用预算稳定调节基金

3. 在资产负债表中，与资产基金项目在金额上存在内在联系的资产项目是（　　）。

A. 国库存款　　B. 其他财政存款

C. 应收股利　　D. 与下级往来

4. 在收入支出表中，不减少本级政府一般公共预算财力总数的项目是（　　）。

A. 安排预算稳定调节基金　　B. 本级支出

C. 补助支出　　D. 债务还本支出

5. 财政专户管理资金分科目收支情况表中的科目通常没有（　　）。

A. 教育行政事业性收费收入　　B. 体育行政事业性收费收入

C. 普通教育　　D. 教育管理事务

（三）多项选择题

1. 财政总预算会计报表包括（　　）。

A. 资产负债表

B. 收入支出表

C. 一般公共预算执行情况表

D. 政府性基金预算执行情况表

E. 国有资本经营预算执行情况表

2. 财政总预算会计编制的预算执行情况表包括（　　）。

A. 一般公共预算执行情况表

B. 政府性基金预算执行情况表

C. 国有资本经营预算执行情况表

D. 财政专户管理资金收支情况表

E. 资产负债表

3. 财政总预算会计收入支出表中的项目包括（　　）。

A. 年初结转结余　　B. 收入合计

C. 支出合计　　D. 结余转出

E. 年末结转结余

4. 在财政总预算会计编制的收入支出表中，“政府性基金预算”栏不必填列的项目包括（　　）。

A. 补助收入　　B. 地区间援助收入

C. 补助支出　　D. 结余转出

E. 安排预算稳定调节基金

5. 一般公共预算执行情况表不需要反映的内容包括（　　）。

A. 一般公共预算本级收入　　B. 补助收入

C. 债务收入　　D. 债务还本支出

E. 一般公共预算本级支出

三、复习题答案

（一）判断题

1. ×　　2. ×

3. √　　4. ×

5. ×

（二）单项选择题

1. C　　2. D

3. C　　4. A

5. D

（三）多项选择题

1. ABCDE　　2. ABC

3. ABCDE　　4. BDE

5. BCD

四、教材练习题答案

练习一

该市财政总预算会计编制的20×4年末资产负债表如表8-1所示。

表8-1 资产负债表

编制单位：某市财政局　　20×4年12月31日　　单位：元

资产	年初余额	期末余额	负债和净资产	年初余额	期末余额
流动资产：			流动负债：		
国库存款	（略）	5 320	应付短期政府债券	（略）	
国库现金管理存款		250	应付利息		150
其他财政存款		730	应付国库集中支付结余		290
有价证券			与上级往来		1 230
在途款		150	其他应付款		160
预拨经费		220	应付代管资金		
借出款项			一年内到期的非流动负债		860
应收股利		230	流动负债合计		2 690
应收利息			非流动负债：		
与下级往来		1 160	应付长期政府债券		
其他应收款		310	借入款项		
流动资产合计		8 370	应付地方政府债券转贷款		2 150
非流动资产：			应付主权外债转贷款		
应收地方政府债券转贷款			其他负债		
应收主权外债转贷款			非流动负债合计		2 150
股权投资		1 880	负债合计		4 840
待发国债			一般公共预算结转结余		1 150
非流动资产合计		1 880	政府性基金预算结转结余		2 260
			国有资本经营预算结转结余		1 220
			财政专户管理资金结余		660
			专用基金结余		70
			预算稳定调节基金		820
			预算周转金		280
			资产基金		2 110
			减：待偿债净资产		－3 160
			净资产合计		5 410
资产总计		10 250	负债和净资产总计		10 250

练习二

该市财政总预算会计编制的 20×4 年度收入支出表如表 8-2 所示。

表 8-2　　收入支出表

编制单位：某市财政局　　20×4 年度　　单位：元

项目	一般公共预算		政府性基金预算		国有资本经营预算		财政专户管理资金		专用基金	
	上年数	本年数	上年数	本年数	上年数	本年数	上年数	本年数	上年数	本年数
年初结转结余	（略）	1 650	（略）	1 880	（略）	1 460	（略）	790	（略）	80
收入合计		120 780		38 600		18 650		9 200		20
本级收入		48 920		21 200		18 650		9 200		20
其中：来自预算安排的收入										20
补助收入		32 210		9 800						
上解收入		12 500								
地区间援助收入										
债务收入										
债务转贷收入		26 800		7 600						
动用预算稳定调节基金										
调入资金		350								
支出合计		121 280		38 220		18 890		9 330		30
本级支出		55 680		28 800		18 890		9 330		30
其中：权责发生制列支		360		210		150				
预算安排专用基金的支出		20								
补助支出		29 800		1 270						
上解支出		12 500								
地区间援助支出										
债务还本支出		23 100		7 800						
债务转贷支出										
安排预算稳定调节基金		200								
调出资金				350						
结余转出		100								
其中：增设预算周转金										
年末结转结余		1 150		2 260		1 220		660		70

练习三

该市财政总预算会计编制的20×4年度一般公共预算执行情况表如表8－3所示。

表8－3　　一般公共预算执行情况表

编制单位：某市财政局　　20×4年　　单位：元

项目	上年数	本年数
一般公共预算本级收入	（略）	
一、税收收入		42 470
增值税		18 900
消费税		
企业所得税		11 850
企业所得税退税		
个人所得税		230
资源税		
城市维护建设税		4 100
房产税		3 320
印花税		450
城镇土地使用税		960
土地增值税		380
车船税		240
船舶吨税		
车辆购置税		
关税		
耕地占用税		260
契税		1 780
烟叶税		
其他税收收入		
二、非税收入		6 450
专项收入		2 650
行政事业性收费收入		1 120
罚没收入		920
国有资本经营收入		310
国有资源（资产）有偿使用收入		740
捐赠收入		
政府住房基金收入		530
其他收入		180
一般公共预算本级收入合计		48 920
一般公共预算本级支出——功能分类		
一、一般公共服务支出		5 600

续前表

项目	上年数	本年数
二、外交支出		
三、国防支出		
四、公共安全支出		8 560
五、教育支出		9 200
六、科学技术支出		2 650
七、文化体育与传媒支出		1 890
八、社会保障和就业支出		3 650
九、医疗卫生与计划生育支出		4 560
十、节能环保支出		2 560
十一、城乡社区支出		2 840
十二、农林水支出		2 680
十三、交通运输支出		4 250
十四、资源勘探信息等支出		1 580
十五、商业服务业等支出		1 630
十六、金融支出		1 250
十七、援助其他地区支出		
十八、国土海洋气象等支出		630
十九、住房保障支出		670
二十、粮油物资储备支出		460
二十一、其他支出		510
二十二、债务付息支出		390
二十三、债务发行费用支出		120
一般公共预算本级支出（功能分类）合计		55 680
一般公共预算本级支出——经济分类		
一、机关工资福利支出		2 800
二、机关商品和服务支出		5 500
三、机关资本性支出		13 600
四、对事业单位经常性补助		8 400
五、对事业单位资本性补助		9 600
六、对企业补助		3 710
七、对企业资本性支出		6 300
八、对个人和家庭的补助		850
九、对社会保险基金补助		3 900
十、债务利息及费用支出		510
十一、其他支出		510
一般公共预算本级支出（经济分类）合计		55 680

练习四

该市财政总预算会计编制的 20×4 年度政府性基金预算执行情况表如

表8-4所示。

表8-4 政府性基金预算执行情况表

编制单位：某市财政局 20×4年 单位：元

项目	上年数	本年数
政府性基金预算本级收入	（略）	
非税收入		
国家电影事业发展专项资金收入		400
城市基础设施配套费收入		1 300
国有土地收益基金收入		1 500
农业土地开发资金收入		1 200
国有土地使用权出让收入		15 200
污水处理费收入		700
车辆通行费		300
彩票公益金收入		600
政府性基金预算本级收入合计		21 200
政府性基金预算本级支出——功能分类		
一、文化体育与传媒支出		
国家电影事业发展专项资金及对应专项债务收入安排的支出		650
二、城乡社区支出		
城市基础设施配套费及对应专项债务收入安排的支出		2 350
国有土地收益基金及对应专项债务收入安排的支出		2 500
农业土地开发资金及对应专项债务收入安排的支出		1 600
国有土地使用权出让收入及对应专项债务收入安排的支出		17 200
污水处理费及对应专项债务收入安排的支出		2 250
三、交通运输支出		
车辆通行费及对应专项债务收入安排的支出		900
四、其他支出		
彩票公益金及对应专项债务收入安排的支出		1 350
五、债务付息支出		220
六、债务发行费用支出		100
政府性基金预算本级支出（功能分类）合计		29 120
政府性基金预算本级支出——经济分类		
一、机关资本性支出		27 440
二、对事业单位资本性补助		1 210
三、对企业资本性支出		470
政府性基金预算本级支出（经济分类）合计		29 120

练习五

该市财政总预算会计编制的20×4年度国有资本经营预算执行情况表如表8-5所示。

表 8-5　国有资本经营预算执行情况表

编制单位：某市财政局　20×4 年　单位：元

项目	上年数	本年数
国有资本经营预算本级收入	（略）	
非税收入		
利润收入		7 850
股利股息收入		7 270
产权转让收入		2 320
清算收入		1 210
国有资本经营预算本级收入合计		18 650
国有资本经营预算本级支出——功能分类		
国有资本经营预算支出		
解决历史遗留问题及改革成本支出		2 630
国有企业资本金注入		15 680
国有企业政策性补贴		580
国有资本经营预算本级支出（功能分类）合计		18 890
国有资本经营预算本级支出——经济分类		
一、对企业补助		790
二、对企业资本性支出		18 100
国有资本经营预算本级支出（经济分类）合计		18 890

练习六

该市财政总预算会计编制的 20×4 年度一般公共预算支出中公共安全支出和教育支出执行情况表如表 8-6 所示。

表 8-6　一般公共预算支出执行情况表——公共安全支出和教育支出

编制单位：某市财政局　20×4 年　单位：元

	公共安全支出	教育支出	合计
机关工资福利支出	25 300	13 200	38 500
机关商品和服务支出	32 100	12 800	44 900
机关资本性支出	44 300	7 500	51 800
对事业单位经常性补助	5 600	58 500	64 100
对事业单位资本性补助	6 800	26 300	33 100
对个人和家庭的补助	880	2 900	3 780
其他支出	50	120	170
合计	115 030	121 320	236 350

练习七

该市财政总预算会计编制的 20×4 年度财政专户管理资金收支情况表如

表8－7所示。

表8－7 财政专户管理资金收支情况表

编制单位：某市财政局 20×4年 单位：元

项目	上年数	本年数
财政专户管理资金收入	（略）	
公安行政事业性收费收入——教育收费		220
工商行政事业性收费收入——教育收费		180
文化行政事业性收费收入——教育收费		320
教育行政事业性收费收入		8 200
——公办幼儿园保育费		260
——公办幼儿园住宿费		190
——普通高中学费		580
——普通高中住宿费		550
——中等职业学校学费		1 250
——中等职业学校住宿费		980
——高等学校学费		2 560
——高等学校住宿费		1 830
体育行政事业性收费收入——教育收费		280
财政专户管理资金收入合计		9 200
财政专户管理资金支出		
普通教育		4 970
——学前教育		450
——高中教育		1 130
——高等教育		3 390
职业教育		4 360
——初等职业教育		280
——职业高中教育		2 730
——高等职业教育		1 350
财政专户管理资金支出合计		9 330

练习八

该市财政总预算会计编制的20×4年度专用基金收支情况表如表8－8所示。

表8－8 专用基金收支情况表

编制单位：某市财政局 20×4年 单位：元

项目	上年数	本年数
专用基金收入	（略）	
粮食风险基金		20
专用基金收入合计		20

续前表

项目	上年数	本年数
专用基金支出		
粮食风险基金		30
——对种粮农民的直接补贴		25
——储备粮油的利息费用补贴		5
专用基金支出合计		30

第三篇

行政事业单位会计

第九章

行政事业单位会计概述

一、学习要点

1. 行政事业单位会计的概念和特点。
2. 行政事业单位预算的编制形式和内容。
3. 行政事业单位财务管理的内容。
4. 行政事业单位预算管理办法。
5. 行政事业单位会计科目。

二、复习题

(一) 判断题

1. 行政事业单位预算由收入预算、支出预算和结余预算组成。（　）

2. 按照相关规定，行政单位不得以任何形式用占有或者使用的国有资产对外投资或者举办经济实体。（　）

3. 在行政事业单位预算中，基本支出收支预算资金与项目支出收支预算资金之间可以相互混用。（　）

4. 财政部门对事业单位实行核定收支，定额或者定项补助，超支不补，结转和结余按规定使用的预算管理办法。（　）

5. 行政事业单位财务管理包括的内容和预算管理包括的内容相同。（　）

(二) 单项选择题

1. 在行政事业单位会计中，行政单位的具体例子如（　）。

A. 中小学校　　B. 教育局
C. 高等学校　　D. 医院

2. 在行政事业单位会计中，事业单位的具体例子如（　　）。
A. 财政局　　B. 税务局
C. 公安局　　D. 电视台

3. 以下（　　）是行政单位的主要收入预算来源。
A. 财政拨款预算收入　　B. 事业预算收入
C. 经营预算收入　　D. 债务预算收入

4. 以下（　　）是行政事业单位的财务会计要素。
A. 预算收入　　B. 预算支出
C. 预算结余　　D. 费用

5. 以下（　　）是行政事业单位的预算会计要素。
A. 资产　　B. 负债
C. 预算结余　　D. 净资产

（三）多项选择题

1. 公益一类事业单位通常如（　　）。
A. 公立小学　　B. 社区卫生服务中心
C. 公共图书馆　　D. 综合医院
E. 高等学校

2. 行政单位的支出不包括（　　）。
A. 行政支出　　B. 事业支出
C. 投资支出　　D. 债务还本支出
E. 对附属单位补助支出

3. 行政事业单位会计要素包括（　　）。
A. 收入　　B. 费用
C. 资产　　D. 预算收入
E. 预算支出

4. 行政事业单位会计的“双基础”是指（　　）。
A. 财务会计采用权责发生制
B. 预算会计采用收付实现制
C. 行政单位会计采用权责发生制
D. 行政事业单位会计采用权责发生制
E. 事业单位会计采用收付实现制

5. 行政事业单位会计的“双报告”是指（　　）。
A. 通过财务会计核算形成决算报告

B. 通过财务会计核算形成财务报告
C. 通过预算会计核算形成财务报告
D. 通过财务会计核算形成财务和决算报告
E. 通过预算会计核算形成决算报告

三、复习题答案

(一) 判断题

1. ×
2. √
3. ×
4. √
5. ×

(二) 单项选择题

1. B
2. D
3. A
4. D
5. C

(三) 多项选择题

1. ABC
2. BCDE
3. ABCDE
4. AB
5. BE

第十章

行政事业单位的资产

一、学习要点

1. 行政事业单位资产的概念和种类。
2. 零余额账户用款额度、财政应返还额度的概念和核算方法。
3. 应收账款、预付账款的概念和核算方法。
4. 存货的概念、种类和核算方法。
5. 长期股权投资的概念和核算方法。
6. 固定资产的概念、种类和核算方法。
7. 无形资产的概念和核算方法。
8. 公共基础设施的概念、种类和核算方法。
9. 政府储备物资的概念和核算方法。
10. 文物文化资产的概念和核算方法。

二、复习题

（一）判断题

1. 行政事业单位的货币资金按照存放地点和用途分为库存现金、银行存款和其他货币资金三个种类。（ ）

2. 年末注销单位零余额账户用款额度后，“零余额账户用款额度”科目仍有余额。（ ）

3. 行政单位和事业单位都设置和使用“应收票据”总账科目。（ ）

4. 政府会计主体无权决定被投资单位的财务和经营政策或无权参与被投资单位的财务和经营政策的，长期股权投资应当采用成本法进行核算。（　）

5. 公共基础设施应计提的折旧总额为其成本，计提公共基础设施折旧时不考虑预计净残值。（　）

(二) 单项选择题

1. 接受捐赠的长期股权投资，按照确定的投资成本，借记“长期股权投资”科目或“长期股权投资”科目（成本），按照发生的相关税费，贷记“银行存款”等科目，按照其差额，贷记（　）科目。

A. “累计盈余”　　B. “权益法调整”

C. “专用基金”　　D. “捐赠收入”

2. 行政事业单位的固定资产不包括（　）。

A. 房屋及构筑物　　B. 公共基础设施

C. 专用设备　　D. 通用设备

3. 自行研究开发形成的无形资产，按照研究开发项目进入开发阶段后至达到预定用途前所发生的支出总额，借记（　）科目，贷记“研发支出——开发支出”科目。

A. “业务活动费用”　　B. “单位管理费用”

C. “无形资产”　　D. “研发支出——研究支出”

4. 公共基础设施通常不包括（　）。

A. 城市道路和桥梁　　B. 城市广场和公园绿地

C. 公路和港口　　D. 政府自身使用的房屋

5. 行政单位不使用的会计科目是（　）。

A. “应收账款”　　B. “短期投资”

C. “在建工程”　　D. “无形资产”

(三) 多项选择题

1. “财政应返还额度”总账科目设置的明细科目包括（　）科目。

A. “财政直接支付”　　B. “财政授权支付”

C. “零余额账户用款额度”　　D. “财政拨款收入”

E. “其他货币资金”

2. 根据现行制度规定，事业单位对（　）应当提取坏账准备。

A. 收回后需上缴财政的应收账款

B. 收回后需上缴财政的其他应收款

C. 收回后不需上缴财政的应收账款

D. 收回后不需上缴财政的其他应收款

E. 预付账款

3. 行政事业单位盘盈的库存物品，其入账成本可以是（　　）。

A. 有关凭据注明的金额　　B. 评估价值

C. 重置成本　　D. 名义金额

E. 可变现净值

4. 行政事业单位购入不需安装的固定资产验收合格时，按照确定的固定资产成本，借记“固定资产”科目，贷记的科目可以是（　　）。

A.“财政拨款收入”　　B.“零余额账户用款额度”

C.“应付账款”　　D.“银行存款”

E.“预付账款”

5. 只有事业单位才使用的会计科目是（　　）。

A.“坏账准备”　　B.“长期债券投资”

C.“长期股权投资”　　D.“研发支出”

E.“长期待摊费用”

三、复习题答案

（一）判断题

1. ×　　2. ×

3. ×　　4. √

5. √

（二）单项选择题

1. D　　2. B

3. C　　4. D

5. B

（三）多项选择题

1. AB　　2. CD

3. ABCD　　4. ABCDE

5. ABC

四、教材练习题答案

练习一

（1）收到零余额账户用款额度。

借：零余额账户用款额度	50 000	
贷：财政拨款收入		50 000

（2）使用零余额账户用款额度支付日常活动费用。

借：业务活动费用	12 500	
贷：零余额账户用款额度		12 500

（3）年末，注销尚未使用的零余额账户用款额度。

借：财政应返还额度——财政授权支付	600	
贷：零余额账户用款额度		600

（4）年末，确认本年度尚未使用的财政直接支付预算指标数。

借：财政应返还额度——财政直接支付	230	
贷：财政拨款收入		230

练习二

（1）提供专业服务应收取款项。

借：应收账款	15 500	
贷：事业收入		15 500

（2）收到不需上缴财政的应收账款。

借：银行存款	3 200	
贷：应收账款		3 200

（3）按购货合同预付款项。

借：预付账款	8 000	
贷：银行存款		8 000

（4）收到所购物品并补付款项。

借：库存物品	24 000	
贷：预付账款		8 000
银行存款		16 000

（5）期末，对收回后不需上缴财政的应收账款提取坏账准备。

借：其他费用	750	
贷：坏账准备		750

练习三

（1）购入一批物品。

借：库存物品　　6 800

　贷：零余额账户用款额度　　6 800

（2）开展业务活动领用物品。

借：业务活动费用　　1 350

　贷：库存物品　　1 350

（3）盘盈一批物品。

借：库存物品　　2 200

　贷：待处理财产损溢　　2 200

（4）将盘盈的物品转入业务活动费用。

借：待处理财产损溢　　2 200

　贷：业务活动费用　　2 200

练习四

（1）以一项无形资产置换取得一项长期股权投资。

借：长期股权投资——成本　　425 000

　　无形资产累计摊销　　96 000

　贷：无形资产　　480 000

　　　其他收入　　41 000

（2）被投资单位实现净利润。

借：长期股权投资——损益调整　　48 000

　贷：投资收益　　48 000

（3）被投资单位宣告分派现金股利。

借：应收股利　　8 000

　贷：长期股权投资——损益调整　　8 000

（4）被投资单位发生除净利润和利润分配以外的所有者权益变动。

借：长期股权投资——其他权益变动　　4 000

　贷：权益法调整　　4 000

练习五

（1）购入一台需要安装的固定资产。

借：在建工程　　52 000

　贷：零余额账户用款额度　　52 000

（2—1）发生固定资产安装费。

借：在建工程　600

　贷：零余额账户用款额度　600

（2—2）固定资产安装完成并交付使用。

借：固定资产　52 600

　贷：在建工程　52 600

（3）对固定资产计提折旧。

借：业务活动费用　38 800

　贷：固定资产累计折旧　38 800

（4）报废一项固定资产。

借：待处理财产损溢——待处理财产价值　3 000

　　固定资产累计折旧　43 000

　贷：固定资产　46 000

（5）将报废的固定资产对外出售。

借：银行存款　1 000

　贷：待处理财产损溢——处理净收入　1 000

（6）转销固定资产报废发生的净损失。

借：资产处置费用　2 000

　贷：待处理财产损溢——处理净收入　2 000

练习六

（1）外购一项无形资产。

借：无形资产　75 000

　贷：银行存款　75 000

（2）申请取得一项无形资产。

借：无形资产　200

　贷：银行存款　200

（3）对一项无形资产进行升级改造。

借：无形资产　16 000

　贷：零余额账户用款额度　16 000

（4）对一项无形资产进行摊销。

借：业务活动费用　46 800

　贷：无形资产累计摊销　46 800

练习七

（1）向施工企业预付工程价款。

借：预付账款　200 000

贷：财政拨款收入　　200 000

（2）发生构成待摊投资的相关费用。

借：在建工程——待摊投资　　35 000

贷：零余额账户用款额度　　35 000

（3）与施工企业结算工程价款。

借：在建工程——建筑安装工程　　500 000

贷：预付账款　　200 000

财政拨款收入　　300 000

（4）公共基础设施建造完成并交付使用。

借：公共基础设施　　535 000

贷：在建工程　　535 000

（5）发生一项公共基础设施的日常维修支出。

借：业务活动费用　　26 000

贷：财政拨款收入　　26 000

练习八

（1）接受捐赠一批政府储备物资。

借：政府储备物资　　65 000

贷：捐赠收入　　65 000

（2）发出一批预期可能收回的政府储备物资。

借：政府储备物资——发出　　28 000

贷：政府储备物资——在库　　28 000

（3）收回一批政府储备物资，其余发出的政府储备物资未收回。

借：政府储备物资——在库　　22 000

业务活动费用　　6 000

贷：政府储备物资——发出　　28 000

（4－1）报废一批政府储备物资。

借：待处理财产损溢——待处理财产价值　　1 300

贷：政府储备物资　　1 300

（4－2）经批准处理一批政府储备物资。

借：资产处置费用　　1 300

贷：待处理财产损溢——待处理财产价值　　1 300

练习九

（1）购入一项文物文化资产。

借：文物文化资产　　48 500

贷：财政拨款收入 48 500

（2）接受捐赠一项文物文化资产。

借：文物文化资产 26 300

贷：捐赠收入 26 300

（3）经批准无偿调出一项文物文化资产。

借：无偿调拨净资产 35 500

贷：文物文化资产 35 500

练习十

（1）外购一批保障性住房。

借：保障性住房 780 000

贷：财政拨款收入 780 000

（2）出租一批保障性住房，取得租金收入。

借：银行存款 10 500

贷：应缴财政款 10 500

（3）发生保障性住房日常维修支出。

借：业务活动费用 2 100

贷：零余额账户用款额度 2 100

练习十一

（1）取得一项罚没物资。

借：受托代理资产 45 600

贷：受托代理负债 45 600

（2—1）处置罚没物资。

借：受托代理负债 45 600

贷：受托代理资产 45 600

（2—2）取得罚没物资处置收入。

借：银行存款 51 100

贷：应缴财政款 51 100

（3）将处置罚没物资取得的收入上缴财政国库。

借：应缴财政款 51 100

贷：银行存款 51 100

第十一章

行政事业单位的负债

一、学习要点

1. 行政事业单位负债的概念和种类。
2. 行政事业单位应交增值税的概念和核算方法。
3. 行政事业单位应缴财政款的概念和核算方法。
4. 行政事业单位应付职工薪酬的概念和核算方法。
5. 行政单位应付政府补贴款的概念和核算方法。
6. 行政事业单位预提费用的概念和核算方法。
7. 事业单位短期借款和长期借款的概念和核算方法。

二、复习题

（一）判断题

1. 行政事业单位的负债按照流动性分为流动负债和非流动负债。（ ）

2. 应交增值税的业务只适用于事业单位，不适用于行政单位。（ ）

3. 应缴财政款只包括应缴国库的款项，不包括应缴财政专户的款项。（ ）

4. 应付职工薪酬是指行政事业单位按照有关规定应付给职工（含长期聘用人员）及为职工支付的各种薪酬。（ ）

5. 行政单位发放的政府补贴款应当在实际支付款项时确认。（ ）

（二）单项选择题

1. 行政事业单位的应交增值税业务在（　　）总账科目中核算。

A. “应交税费”　　B. “应交增值税”

C. “应交税金”　　D. “其他应交税费”

2. 应付职工薪酬中支付给职工的薪酬是（　　）。

A. 基本养老保险费　　B. 基本医疗保险费

C. 住房公积金　　D. 基本工资

3. 只适用于行政单位、不适用于事业单位的总账科目是（　　）。

A. “短期借款”　　B. “长期应付款”

C. “预计负债”　　D. “应付政府补贴”

4. 行政事业单位公务卡持卡人报销时，按照审核报销的金额，借记“业务活动费用”“单位管理费用”等科目，贷记（　　）科目。

A. “银行存款”　　B. “零余额账户用款额度”

C. “其他应付款”　　D. “库存现金”

5. 事业单位按规定从科研项目收入中提取项目间接费用或管理费时，按照提取的金额，借记“单位管理费用”科目，贷记（　　）科目。

A. “预提费用”　　B. “其他应付款”

C. “其他应收款”　　D. “预收账款”

（三）多项选择题

1. 行政事业单位“应付职工薪酬”总账科目的明细科目包括（　　）。

A. “基本工资”（含离退休费）　　B. “国家统一规定的津贴补贴”

C. “规范津贴补贴（绩效工资）”　　D. “社会保险费”

E. “住房公积金”

2. 只适用于事业单位、不适用于行政单位的总账科目是（　　）。

A. “应付票据”　　B. “应付利息”

C. “预收账款”　　D. “应缴财政款”

E. “应付账款”

3. 行政事业单位的非流动负债包括（　　）。

A. 预提费用　　B. 应付票据

C. 预计负债　　D. 长期借款

E. 长期应付款

4. 行政事业单位按照国家税法等有关规定应当缴纳的各种税费通过（　　）总账科目核算。

A. “应缴财政款”　　B. “应交增值税”

C. “其他应付款” D. “其他应交税费”

E. “应付账款”

5. 事业单位“应付利息”总账科目的对应科目可以有（ ）。

A. “短期借款” B. “长期借款”

C. “在建工程” D. “其他费用”

E. “业务活动费用”

三、复习题答案

（一）判断题

1. √ 2. ×
3. × 4. √
5. ×

（二）单项选择题

1. B 2. D
3. D 4. C
5. A

（三）多项选择题

1. ABCDE 2. ABC
3. CDE 4. BD
5. CD

四、教材练习题答案

练习一

（1）购入一项固定资产。

借：固定资产 52 000

应交增值税——应交税金（进项税额） 4 840

——待认证进项税额 4 000

贷：银行存款 60 840

（2）出租房屋，取得租金收入。

借：应收账款 88 800

贷：租金收入 80 000

应交增值税——应交税金（销项税额）		8 800

（3）缴纳当月的应交增值税。

借：应交增值税——应交税金（已交税金）	2 500	
贷：银行存款		2 500

（4）月末，转出当月应交未交的增值税。

借：应交增值税——应交税金（转出未交增值税）	3 960	
贷：应交增值税——未交税金		3 960

练习二

（1）处置一项固定资产。

借：待处理财产损溢——待处理财产价值	12 000	
固定资产累计折旧	33 000	
贷：固定资产		45 000

（2—1）取得出售价款。

借：银行存款	15 500	
贷：待处理财产损溢——处理净收入		15 500

（2—2）确认应缴财政款。

借：待处理财产损溢——处理净收入	3 500	
贷：应缴财政款		3 500

（3）固定资产处置净收入上缴财政。

借：应缴财政款	3 500	
贷：银行存款		3 500

（4）收到一笔应缴财政专户的事业收入。

借：银行存款	66 300	
贷：应缴财政款		66 300

（5）将收到的事业收入上缴财政专户。

借：应缴财政款	66 300	
贷：银行存款		66 300

练习三

（1—1）计提职工薪酬。

借：业务活动费用	608 000	
单位管理费用	189 000	
贷：应付职工薪酬——基本工资		560 000
——绩效工资		123 000
——社会保险费		78 000

——住房公积金 36 000

（1—2）按税法规定代扣职工个人所得税。

借：应付职工薪酬——基本工资 9 800

贷：其他应交税费——应交个人所得税 9 800

（1—3）从应付职工薪酬中代扣社会保险费和住房公积金。

借：应付职工薪酬——基本工资 105 000

贷：应付职工薪酬——社会保险费 72 000

——住房公积金 33 000

（2）向职工支付基本工资和绩效工资。

借：应付职工薪酬——基本工资 445 200

——绩效工资 123 000

贷：财政拨款收入 568 200

（3）向相关机构缴纳职工社会保险费和住房公积金。

借：应付职工薪酬——社会保险费 150 000

——住房公积金 69 000

贷：财政拨款收入 219 000

练习四

（1）结算一项在建工程的价款，款项尚未支付。

借：在建工程 250 000

贷：应付账款 250 000

（2）支付一笔尚未支付的工程结算价款。

借：应付账款 250 000

贷：财政拨款收入 250 000

（3）购买一项固定资产，款项尚未支付。

借：固定资产 36 000

贷：应付账款 36 000

（4）支付购买一项固定资产尚未支付的款项。

借：应付账款 36 000

贷：零余额账户用款额度 36 000

练习五

（1）发生应付政府补贴。

借：业务活动费用 78 800

贷：应付政府补贴款 78 800

（2）通过零余额账户用款额度支付应付政府补贴。

借：应付政府补贴款　78 800
　贷：零余额账户用款额度　78 800

练习六

（1）在开展事业活动中预收一笔款项。

借：银行存款　46 000
　贷：预收账款　46 000

（2）实现一项事业收入，剩余预收款项退回给付款方。

借：预收账款　46 000
　贷：事业收入　44 900
　　　银行存款　1 100

练习七

（1）月末，预提一项租金费用。

借：业务活动费用　13 500
　贷：预提费用　13 500

（2）次月，支付上月预提的租金费用。

借：预提费用　13 500
　贷：零余额账户用款额度　13 500

练习八

（1）向银行借入专门款项。

借：银行存款　760 000
　贷：长期借款——本金　760 000

（2）每年计算确定专门借款利息。

借：其他费用　44 200
　贷：长期借款——应计利息　44 200

（3）五年后，偿还专门借款本息。

借：长期借款——本金　760 000
　　　　　　——应计利息　221 000
　贷：银行存款　981 000

练习九

（1）购入固定资产，并扣留质量保证金。

借：固定资产　772 000
　贷：零余额账户用款额度　760 000

　　　长期应付款　　　　　　　　　　　　　　12 000

（2）两年后，支付扣留的质量保证金。

借：长期应付款　　　　　　　　　　12 000

　贷：零余额账户用款额度　　　　　　　　　　12 000

第十二章

行政事业单位的收入和预算收入

一、学习要点

1. 行政事业单位收入的概念和种类。

2. 行政事业单位预算收入的概念和种类。

3. 行政事业单位财政拨款收入和财政拨款预算收入的概念和核算方法。

4. 事业单位事业收入和事业预算收入的概念和核算方法。

5. 事业单位上级补助收入和上级补助预算收入的概念和核算方法。

6. 事业单位附属单位上缴收入和附属单位上缴预算收入的概念和核算方法。

7. 事业单位经营收入和经营预算收入的概念和核算方法。

8. 事业单位债务预算收入的概念和核算方法。

9. 行政事业单位非同级财政拨款收入和非同级财政拨款预算收入的概念和核算方法。

10. 事业单位投资收益和投资预算收益的概念和核算方法。

11. 行政事业单位捐赠收入、利息收入、租金收入和其他预算收入的概念和核算方法。

二、复习题

(一) 判断题

1. 行政事业单位的收入应当按照收付实现制基础进行确认和计量。( )

2. 财政拨款收入是指行政事业单位从同级和非同级政府财政部门取得的各类财政拨款。（　　）

3. 事业收入是指事业单位开展专业业务活动及其辅助活动实现的收入，不包括从同级政府财政部门取得的各类财政拨款。（　　）

4. 行政事业单位的预算收入应当按照收付实现制基础进行确认和计量。（　　）

5. 事业单位按照规定从银行和其他金融机构等借入款项时，只做财务会计处理，不做预算会计处理。（　　）

（二）单项选择题

1. 行政事业单位的收入不包括（　　）。

A. 财政拨款收入　　B. 事业收入

C. 上级补助收入　　D. 附属单位上缴预算收入

2. 财政拨款预算收入是指行政事业单位从同级政府财政部门取得的（　　）。

A. 各类财政拨款　　B. 各类财政拨款现金流入

C. 各类财政拨款现金流出　　D. 零余额账户用款额度

3. 事业预算收入是指事业单位开展专业业务活动及其辅助活动取得的（　　）。

A. 收取款项的权利　　B. 现金或收取款项的权利

C. 同级政府财政拨款　　D. 现金流入

4. 事业单位收到从财政专户返还的事业收入时，借记“银行存款”等科目，贷记（　　）科目。

A. “事业收入”　　B. “上级补助收入”

C. “财政拨款收入”　　D. “经营收入”

5. （　　）是事业单位取得的附属独立核算单位按照有关规定上缴的收入。

A. 经营收入　　B. 附属单位上缴收入

C. 非同级财政拨款收入　　D. 投资收益

（三）多项选择题

1. 行政事业单位的预算收入包括（　　）。

A. 财政拨款预算收入　　B. 事业预算收入

C. 债务预算收入　　D. 投资预算收益

E. 投资预算收入

2. 行政单位的收入不包括（　　）。

A. 财政拨款收入　　B. 事业收入

C. 上级补助收入　　D. 附属单位上缴收入
E. 经营收入

3. "事业预算收入"科目的对应科目可以是（　　）。
A. "银行存款"　　B. "库存现金"
C. "资金结存"　　D. "非财政拨款结转"
E. "其他结余"

4. 事业单位的收入包括（　　）。
A. 事业收入　　B. 投资收益
C. 债务收入　　D. 捐赠收入
E. 财政拨款收入

5. "财政拨款预算收入"总账科目应当设置的明细账包括（　　）。
A. "基本支出"
B. "项目支出"
C. "支出功能分类科目"的项级科目
D. "人员经费"
E. "日常公用经费"

三、复习题答案

（一）判断题

1. ×　　2. ×
3. √　　4. √
5. ×

（二）单项选择题

1. D　　2. A
3. D　　4. A
5. B

（三）多项选择题

1. ABCD　　2. BCDE
3. CDE　　4. ABDE
5. ABCDE

四、教材练习题答案

练习一

（1）通过财政直接支付方式支付应付职工薪酬。

在财务会计中：

借：应付职工薪酬　　63 200

　贷：财政拨款收入　　63 200

同时，在预算会计中：

借：行政支出　　63 200

　贷：财政拨款预算收入　　63 200

（2）收到财政授权支付到账通知书。

在财务会计中：

借：零余额账户用款额度　　25 000

　贷：财政拨款收入　　25 000

同时，在预算会计中：

借：资金结存——零余额账户用款额度　　25 000

　贷：财政拨款预算收入　　25 000

（3）年末，本年度财政直接支付预算指标数大于当年财政直接支付实际支出数。

在财务会计中：

借：财政应返还额度——财政直接支付　　2 700

　贷：财政拨款收入　　2 700

同时，在预算会计中：

借：资金结存——财政应返还额度　　2 700

　贷：财政拨款预算收入　　2 700

（4）年末，结转“财政拨款收入”科目的本年发生额。

在财务会计中：

借：财政拨款收入　　589 000

　贷：本期盈余　　589 000

（5）年末，结转“财政拨款预算收入”科目的本年发生额。

在预算会计中：

借：财政拨款预算收入　　589 000

　贷：财政拨款结转——本年收支结转　　589 000

练习二

(1) 按合同约定从付款方预收一笔事业活动款项。

在财务会计中：

借：银行存款	85 600	
贷：预收账款		85 600

同时，在预算会计中：

借：资金结存——货币资金	85 600	
贷：事业预算收入		85 600

(2) 按合同完成进度计算确认预收账款中实现的事业收入。

在财务会计中：

借：预收账款	45 500	
贷：事业收入		45 500

(3) 在开展专业业务活动中收到一笔银行存款。

在财务会计中：

借：银行存款	3 800	
贷：事业收入		3 800

同时，在预算会计中：

借：资金结存——货币资金	3 800	
贷：事业预算收入		3 800

(4) 年末，结转“事业收入”科目的本年发生额。

在财务会计中：

借：事业收入	228 000	
贷：本期盈余		228 000

(5) 年末，结转“事业预算收入”科目的本年发生额。

在预算会计中：

借：事业预算收入	328 000	
贷：非财政拨款结转——本年收支结转		246 000
其他结余		82 000

练习三

(1) 确认一项上级补助收入，款项尚未收到。

在财务会计中：

借：其他应收款	35 000	
贷：上级补助收入		35 000

(2) 收到一项之前确认的上级补助收入。

在财务会计中：

借：银行存款　　35 000

　贷：其他应收款　　35 000

同时，在预算会计中：

借：资金结存——货币资金　　35 000

　贷：上级补助预算收入　　35 000

（3）年末，将“上级补助收入”科目的本年发生额转入“本期盈余”科目。

借：上级补助收入　　88 600

　贷：本期盈余　　88 600

（4）年末，将“上级补助预算收入”科目的本年发生额分别转入“非财政拨款结转——本年收支结转”和“其他结余”科目。

借：上级补助预算收入　　77 600

　贷：非财政拨款结转——本年收支结转　　65 500

　　　其他结余　　12 100

练习四

（1）确认一项附属单位上缴收入，款项尚未收到。

在财务会计中：

借：其他应收款　　120 000

　贷：上级补助收入　　120 000

（2）收到一项之前确认的附属单位上缴收入。

在财务会计中：

借：银行存款　　120 000

　贷：其他应收款　　120 000

同时，在预算会计中：

借：资金结存——货币资金　　120 000

　贷：附属单位上缴预算收入　　120 000

（3）年末，将“附属单位上缴收入”科目的本年发生额转入“本期盈余”科目。

借：附属单位上缴收入　　478 000

　贷：本期盈余　　478 000

（4）年末，将“附属单位上缴预算收入”科目的本年发生额转入“其他结余”科目。

借：附属单位上缴预算收入　　436 000

　贷：其他结余　　436 000

练习五

（1）确认经营收入，款项尚未收到。

在财务会计中：

借：应收账款　13 200

　贷：经营收入　13 200

（2）收到一项之前确认的经营收入。

在财务会计中：

借：银行存款　13 200

　贷：应收账款　13 200

同时，在预算会计中：

借：资金结存——货币资金　13 200

　贷：经营预算收入　13 200

（3）年末，将“经营收入”科目的本年发生额转入“本期盈余”科目。

借：经营收入　86 600

　贷：本期盈余　86 600

（4）年末，将“经营预算收入”科目的本年发生额转入“经营结余”科目。

借：经营预算收入　91 200

　贷：经营结余　91 200

练习六

（1）向银行借入一笔长期借款。

在财务会计中：

借：银行存款　600 000

　贷：长期借款——本金　600 000

同时，在预算会计中：

借：资金结存——货币资金　600 000

　贷：债务预算收入　600 000

（2）年末，计算确定应支付的借款利息。

在财务会计中：

借：在建工程　23 000

　贷：长期借款——应计利息　23 000

（3）年末，将“债务预算收入”科目的本年发生额转入“非财政拨款结转——本年收支结转”科目。

借：债务预算收入　600 000

　贷：非财政拨款结转——本年收支结转　600 000

练习七

（1）收到上年确认的非同级财政拨款收入款项。

在财务会计中：

借：银行存款　　20 000

　　贷：其他应收款　　20 000

同时，在预算会计中：

借：资金结存——货币资金　　20 000

　　贷：非同级财政拨款预算收入　　20 000

（2）从上级省政府财政部门获得一笔财政专项资金。

在财务会计中：

借：银行存款　　145 000

　　贷：非同级财政拨款收入　　145 000

同时，在预算会计中：

借：资金结存——货币资金　　145 000

　　贷：非同级财政拨款预算收入　　145 000

（3）年末，将“非同级财政拨款收入”科目的本年发生额转入“本期盈余”科目。

借：非同级财政拨款收入　　145 000

　　贷：本期盈余　　145 000

（4）年末，将“非同级财政拨款预算收入”科目的本年发生额转入“非财政拨款结转——本年收支结转”科目。

借：非同级财政拨款预算收入　　165 000

　　贷：非财政拨款结转——本年收支结转　　165 000

练习八

（1）到期收回一项以前年度取得的长期债券投资。

在财务会计中：

借：银行存款　　689 000

　　贷：长期债券投资　　658 000

　　　　应收利息　　19 500

　　　　投资收益　　11 500

同时，在预算会计中：

借：资金结存——货币资金　　689 000

　　贷：其他结余　　658 000

　　　　投资预算收益　　31 000

（2）C公司实现净利润，按持股比例分享相应的份额。

在财务会计中：

借：长期股权投资——损益调整　240 000

　贷：投资收益　240 000

（3）收到C公司之前宣告分派的现金股利。

在财务会计中：

借：银行存款　60 000

　贷：应收股利　60 000

同时，在预算会计中：

借：资金结存——货币资金　60 000

　贷：投资预算收益　60 000

（4）年末，将"投资收益"科目的本年发生额转入"本期盈余"科目。

借：投资收益　378 000

　贷：本期盈余　378 000

（5）年末，将"投资预算收益"科目的本年发生额转入"其他结余"科目。

借：投资预算收益　169 000

　贷：其他结余　169 000

练习九

（1）接受捐赠一笔货币资金和一项固定资产。

在财务会计中：

借：银行存款　88 000

　　固定资产　152 000

　贷：捐赠收入　240 000

同时，在预算会计中：

借：资金结存——货币资金　88 000

　贷：其他预算收入　88 000

（2）现金账款核对中发现现金溢余。

在财务会计中：

借：库存现金　20

　贷：待处理财产损溢　20

同时，在预算会计中：

借：资金结存——货币资金　20

　贷：其他预算收入　20

（3）现金溢余报经批准转入其他收入。

在财务会计中：

借：待处理财产损溢　　20

　贷：其他收入　　20

（4）年末，将“其他收入”科目的本年发生额转入“本期盈余”科目。

借：其他收入　　235 200

　贷：本期盈余　　235 200

（5）年末，将“其他预算收入”科目的本年发生额分别转入“非财政拨款结转——本年收支结转”和“其他结余”科目。

借：其他预算收入　　150 500

　贷：非财政拨款结转——本年收支结转　　124 500

　　其他结余　　26 000

第十三章

行政事业单位的费用和预算支出

一、学习要点

1. 行政事业单位费用的概念和种类。
2. 行政事业单位预算支出的概念和种类。
3. 行政事业单位业务活动费用的概念和核算方法。
4. 事业单位单位管理费用的概念和核算方法。
5. 行政单位行政支出和事业单位事业支出的概念和核算方法。
6. 事业单位经营费用和经营支出的概念和核算方法。
7. 行政事业单位资产处置费用的概念和核算方法。
8. 事业单位上缴上级费用和上缴上级支出的概念和核算方法。
9. 事业单位对附属单位补助费用和对附属单位补助支出的概念和核算方法。
10. 事业单位所得税费用的概念和核算方法。
11. 事业单位投资支出的概念和核算方法。
12. 事业单位债务还本支出的概念和核算方法。

二、复习题

（一）判断题

1. 行政事业单位费用和预算支出的具体种类是一样的。（ ）
2. 行政事业单位的费用应当按照权责发生制基础进行确认和计量。（ ）
3. 行政事业单位的预算支出应当按照权责发生制基础进行确认和计量。（ ）

4. 行政单位的“行政支出”总账科目应当分别按照“财政拨款支出”、“非财政专项资金支出”和“其他资金支出”，“基本支出”和“项目支出”等进行明细核算。（ ）

5. 行政事业单位的“业务活动费用”总账科目应当分别按照“财政拨款支出”、“非财政专项资金支出”和“其他资金支出”，“基本支出”和“项目支出”等进行明细核算。（ ）

（二）单项选择题

1. 期末结转“业务活动费用”总账科目本期发生额时，借记（ ）科目，贷记“业务活动费用”科目。

A.“本年利润” B.“本期盈余”
C.“累计盈余” D.“专用基金”

2.（ ）总账科目只有行政单位才使用，事业单位不使用。

A.“行政支出” B.“事业支出”
C.“投资支出” D.“债务还本支出”

3. 事业单位为管理活动所使用的固定资产计提折旧时，借记（ ）科目，贷记“固定资产累计折旧”科目。

A.“业务活动费用” B.“经营费用”
C.“资产处置费用” D.“单位管理费用”

4.“其他费用”总账科目核算的内容不包括（ ）。

A. 利息费用 B. 对外捐赠库存物品
C. 坏账损失 D. 对外捐赠现金资产

5. 需要同时在财务会计和预算会计中做会计处理的业务包括（ ）。

A. 对无形资产进行摊销 B. 业务部门领用库存物品
C. 出差人员实际报销差旅费 D. 职工出差借出库存现金

（三）多项选择题

1.“业务活动费用”总账科目下可按照（ ）等成本项目设置明细科目。

A.“工资福利费用” B.“商品和服务费用”
C.“对个人和家庭的补助费用” D.“固定资产折旧费”
E.“公共基础设施折旧（摊销）费”

2.（ ）总账科目只有事业单位才使用，行政单位不使用。

A.“业务活动费用” B.“单位管理费用”
C.“经营费用” D.“资产处置费用”
E.“对附属单位补助费用”

3. 期末，（ ）总账科目的本期发生额结转至“本期盈余”科目。

A. “业务活动费用”　　B. “单位管理费用”
C. “上缴上级费用”　　D. “所得税费用”
E. “事业支出”

4. “行政支出”总账科目设置的明细账科目包括（　）。
A. “财政拨款支出”　　B. “非财政专项资金支出”
C. “基本支出”　　D. “项目支出”
E. “固定资产折旧费”

5. 需要同时在财务会计和预算会计中做会计处理的业务包括（　）。
A. 支付职工薪酬　　B. 计提职工薪酬
C. 为购买存货支付款项　　D. 发生预付账款
E. 缴纳相关税费

三、复习题答案

（一）判断题

1. ×　　2. √
3. ×　　4. √
5. ×

（二）单项选择题

1. B　　2. A
3. D　　4. B
5. C

（三）多项选择题

1. ABCDE　　2. BCE
3. ABCD　　4. ABCD
5. ACDE

四、教材练习题答案

练习一

（1）为履职人员计提职工薪酬。

在财务会计中：
借：业务活动费用 58 500
贷：应付职工薪酬 58 500
（2）向单位职工个人支付应付职工薪酬。
在财务会计中：
借：应付职工薪酬 37 300
贷：财政拨款收入 37 300
同时，在预算会计中：
借：行政支出 37 300
贷：财政拨款预算收入 37 300
（3）购入一批库存物品。
在财务会计中：
借：库存物品 6 500
贷：财政拨款收入 6 500
同时，在预算会计中：
借：行政支出 6 500
贷：财政拨款预算收入 6 500
（4）领用一批库存物品。
在财务会计中：
借：业务活动费用 720
贷：库存物品 720
（5）发生水费、电费等各项办公费用。
在财务会计中：
借：业务活动费用 450
贷：零余额账户用款额度 450
同时，在预算会计中：
借：行政支出 450
贷：资金结存——零余额账户用款额度 450
（6）支付一项在建工程的建设款项。
在财务会计中：
借：在建工程 95 800
贷：财政拨款收入 95 800
同时，在预算会计中：
借：行政支出 95 800
贷：财政拨款预算收入 95 800
（7）固定资产计提折旧。

在财务会计中：

借：业务活动费用　132 000

　贷：固定资产累计折旧　132 000

（8）年末，将“业务活动费用”科目的本年发生额转入“本期盈余”科目。

在财务会计中：

借：本期盈余　315 800

　贷：业务活动费用　315 800

（9）年末，将“行政支出”科目的本年发生额分别转入“财政拨款结转——本年收支结转”、“非财政拨款结转——本年收支结转”和“其他结余”科目。

在预算会计中：

①结转财政拨款支出。

借：财政拨款结转——本年收支结转　282 000

　贷：行政支出——财政拨款支出　282 000

②结转非财政专项资金支出。

借：非财政拨款结转——本年收支结转　580

　贷：行政支出——非财政专项资金支出　580

③结转其他资金支出。

借：其他结余　120

　贷：行政支出——其他资金支出　120

练习二

（1）计提职工薪酬。

在财务会计中：

借：业务活动费用　125 000

　　单位管理费用　34 200

　贷：应付职工薪酬　159 200

（2）向单位职工个人支付薪酬。

在财务会计中：

借：应付职工薪酬　118 000

　贷：财政拨款收入　118 000

同时，在预算会计中：

借：事业支出　118 000

　贷：财政拨款预算收入　118 000

（3）为单位职工代扣代缴个人所得税，代扣代缴和缴纳社会保险费和住房公积金。

在财务会计中：

借：应付职工薪酬	38 000	
其他应交税费——应交个人所得税	3 200	
贷：财政拨款收入		41 200

同时，在预算会计中：

借：事业支出	41 200	
贷：财政拨款预算收入		41 200

（4）支付外部人员的劳务费。

在财务会计中：

借：业务活动费用	2 500	
贷：银行存款		2 500

同时，在预算会计中：

借：事业支出	2 500	
贷：资金结存——货币资金		2 500

（5）为购买固定资产发生预付账款。

在财务会计中：

借：预付账款	5 000	
贷：零余额账户用款额度		5 000

同时，在预算会计中：

借：事业支出	5 000	
贷：资金结存——零余额账户用款额度		5 000

（6）收到购买的固定资产，补付价款。

在财务会计中：

借：固定资产	21 500	
贷：零余额账户用款额度		16 500
预付账款		5 000

同时，在预算会计中：

借：事业支出	16 500	
贷：资金结存——零余额账户用款额度		16 500

（7）部门领用库存物品。

在财务会计中：

借：业务活动费用	820	
单位管理费用	720	
贷：库存物品		1 540

（8）发生办公费用。

在财务会计中：

借：业务活动费用	4 300	

　　单位管理费用　　1 800
　　贷：银行存款　　6 100
同时，在预算会计中：
　借：事业支出　　6 100
　　贷：资金结存——货币资金　　6 100
(9) 为固定资产计提折旧。
在财务会计中：
　借：业务活动费用　　202 000
　　单位管理费用　　56 000
　　贷：固定资产累计折旧　　258 000

(10) 年末，将“业务活动费用”“单位管理费用”科目的本年发生额转入“本期盈余”科目。

在财务会计中：
　借：本期盈余　　917 000
　　贷：业务活动费用　　705 000
　　　单位管理费用　　212 000

(11) 年末，将“事业支出”科目的本年发生额分别转入“财政拨款结转——本年收支结转”、“非财政拨款结转——本年收支结转”和“其他结余”科目。

在预算会计中：
①结转财政拨款支出。
　借：财政拨款结转——本年收支结转　　385 000
　　贷：事业支出——财政拨款支出　　385 000
②结转非财政专项资金支出。
　借：非财政拨款结转——本年收支结转　　236 000
　　贷：事业支出——非财政专项资金支出　　236 000
③结转其他资金支出。
　借：其他结余　　141 000
　　贷：事业支出——其他资金支出　　141 000

练习三

(1) 计提职工薪酬。
在财务会计中：
　借：经营费用　　16 500
　　贷：应付职工薪酬　　16 500
(2) 向职工个人支付薪酬。
在财务会计中：

借：应付职工薪酬　　12 100
　贷：银行存款　　　　12 100

同时，在预算会计中：

借：经营支出　　12 100
　贷：资金结存——货币资金　　12 100

（3）购入库存物品。

在财务会计中：

借：库存物品　　5 800
　贷：银行存款　　5 800

同时，在预算会计中：

借：经营支出　　5 800
　贷：资金结存——货币资金　　5 800

（4）发出库存物品。

在财务会计中：

借：经营费用　　3 600
　贷：库存物品　　3 600

（5）发生办公费用。

在财务会计中：

借：其他应付款　　2 400
　贷：银行存款　　2 400

同时，在预算会计中：

借：经营支出　　2 400
　贷：资金结存——货币资金　　2 400

（6）发生相关税费。

在财务会计中：

借：经营费用　　800
　　所得税费用　　280
　贷：其他应交税费　　1 080

根据相关会计处理的规定，事业单位在开展经营活动过程中发生的城市维护建设税和教育费附加作为经营费用的增加处理，发生的企业所得税作为所得税费用的增加处理。

（7）缴纳相关税费。

在财务会计中：

借：其他应交税费　　1 080
　贷：银行存款　　1 080

同时，在预算会计中：

借：经营支出 800
　　非财政拨款结余 280
　贷：资金结存——货币资金 1 080

根据相关会计处理的规定，事业单位在开展经营活动过程中缴纳的城市维护建设税和教育费附加作为经营支出的增加处理，缴纳的企业所得税作为非财政拨款结余的减少处理。

(8) 为固定资产计提折旧。

在财务会计中：

借：经营费用 72 000
　贷：固定资产累计折旧 72 000

(9) 年末，将"经营费用"科目的本年发生额转入"本期盈余"科目。

在财务会计中：

借：本期盈余 145 000
　贷：经营费用 145 000

(10) 年末，将"经营支出"科目的本年发生额转入"经营结余"科目。

在预算会计中：

借：经营结余 169 000
　贷：经营支出 169 000

练习四

(1) 报废固定资产。

在财务会计中：

借：资产处置费用 4 000
　　固定资产累计折旧 63 000
　贷：固定资产 67 000

(2) 支付相关资产处置费用。

在财务会计中：

借：资产处置费用 350
　贷：银行存款 350

同时，在预算会计中：

借：其他支出 350
　贷：资金结存——货币资金 350

现行《政府会计制度》未对支付资产处置费用的预算会计处理作出明确规定。鉴于行政事业单位资产处置的业务应不属于为履职或为开展专业业务活动及其辅助活动而发生的业务，因此，将支付的资产处置费用记录在"其他支出"科目中，不记录在"行政支出""事业支出"科目中。

（3）年末，将“资产处置费用”科目的本年发生额转入“本期盈余”科目。

在财务会计中：

借：本期盈余　　32 500

　贷：资产处置费用　　32 500

练习五

（1）按规定上缴上级单位款项。

在财务会计中：

借：上缴上级费用　　25 000

　贷：银行存款　　25 000

同时，在预算会计中：

借：上缴上级支出　　25 000

　贷：资金结存——货币资金　　25 000

（2）年末，将“上缴上级费用”科目的本年发生额转入“本期盈余”科目。

在财务会计中：

借：本期盈余　　32 000

　贷：上缴上级费用　　32 000

（3）年末，将“上缴上级支出”科目的本年发生额转入“其他结余”科目。

在预算会计中：

借：其他结余　　32 000

　贷：上缴上级支出　　32 000

练习六

（1）按照规定计算出应对附属单位的补助金额。

在财务会计中：

借：对附属单位补助费用　　158 000

　贷：其他应付款　　158 000

（2）通过银行存款账户支付应对附属单位的补助款项。

在财务会计中：

借：其他应付款　　158 000

　贷：银行存款　　158 000

同时，在预算会计中：

借：对附属单位补助支出　　158 000

　贷：资金结存——货币资金　　158 000

（3）年末，将“对附属单位补助费用”科目的本年发生额转入“本期盈余”科目。

在财务会计中：

借：本期盈余　215 000

贷：对附属单位补助费用　215 000

（4）年末，将“对附属单位补助支出”科目的本年发生额转入“其他结余”科目。

在预算会计中：

借：其他结余　238 000

贷：对附属单位补助支出　238 000

练习七

（1）购入长期债券。

在财务会计中：

借：长期债券投资　600 000

贷：银行存款　600 000

同时，在预算会计中：

借：投资支出　600 000

贷：资金结存——货币资金　600 000

（2）年末将“投资支出”科目的本年发生额转入“其他结余”科目。

借：其他结余　600 000

贷：投资支出　600 000

（3）每年确认债券利息收入时。

在财务会计中：

借：应收利息　30 000

贷：投资收益　30 000

（4）每年实际收到债券利息收入时。

在财务会计中：

借：银行存款　30 000

贷：应收利息　30 000

同时，在预算会计中：

借：资金结存——货币资金　30 000

贷：投资预算收益　30 000

（5）收回到期债券本金。

在财务会计中：

借：银行存款　600 000

贷：长期债券投资　600 000

同时，在预算会计中：

借：资金结存——货币资金　　600 000
　贷：其他结余　　600 000

练习八

（1）向银行借入款项。

在财务会计中：

借：银行存款　　800 000
　贷：长期借款——本金　　800 000

同时，在预算会计中：

借：资金结存——货币资金　　800 000
　贷：债务预算收入　　800 000

（2）每年计算确定借款利息时。

在财务会计中：

借：其他费用　　45 000
　贷：应付利息　　45 000

（3）每年支付借款利息时。

在财务会计中：

借：应付利息　　45 000
　贷：银行存款　　45 000

同时，在预算会计中：

借：其他支出　　45 000
　贷：资金结存——货币资金　　45 000

（4）到期偿还借款本金。

在财务会计中：

借：长期借款——本金　　800 000
　贷：银行存款　　800 000

同时，在预算会计中：

借：债务还本支出　　800 000
　贷：资金结存——货币资金　　800 000

（5）年末将“债务还本支出”科目的本年发生额转入“其他结余”科目。

借：其他结余　　800 000
　贷：债务还本支出　　800 000

练习九

（1）库存现金短缺。

在财务会计中：

借：待处理财产损溢　12

　贷：库存现金　12

同时，在预算会计中：

借：其他支出　12

　贷：资金结存——货币资金　12

（2）短缺的库存现金予以核销。

在财务会计中：

借：资产处置费用　12

　贷：待处理财产损溢　12

（3）无偿调入公共基础设施发生相关费用。

在财务会计中：

借：其他费用　1 800

　贷：零余额账户用款额度　1 800

同时，在预算会计中：

借：其他支出　1 800

　贷：资金结存——零余额账户用款额度　1 800

按照规定，对于成本无法可靠取得的公共基础设施，单位应当设置备查簿进行登记，待成本能够可靠确定后按照规定及时入账。

另外，接受其他单位无偿调入的公共基础设施，如果成本能够可靠取得，调入过程中发生的归属于调入方的相关费用，在财务会计中，应当计入公共基础设施的成本，不计入其他费用。

（4）无偿调出固定资产发生相关费用。

在财务会计中：

借：资产处置费用　650

　贷：银行存款　650

同时，在预算会计中：

借：其他支出　650

　贷：资金结存——零余额账户用款额度　650

无偿调出固定资产过程中发生的归属于调出方的相关费用，在财务会计中，应当记入“资产处置费用”科目，不记入“其他费用”科目。

（5）年末，将“其他费用”科目的本年发生额转入“本期盈余”科目。

借：本期盈余　8 200

　贷：其他费用　8 200

（6）年末，将“其他支出”科目的本年发生额分别转入“财政拨款结转——本年收支结转”、“非财政拨款结转——本年收支结转”和“其他结余”科目。

①结转财政拨款支出时。

借：财政拨款结转——本年收支结转　　8 300

　贷：其他支出——财政拨款支出　　8 300

②结转非财政专项资金支出时。

借：非财政拨款结转——本年收支结转　　200

　贷：其他支出——非财政专项资金支出　　200

③结转其他资金支出时。

借：其他结余　　100

　贷：其他支出——其他资金支出　　100

第十四章

行政事业单位的净资产和预算结余

一、学习要点

1. 行政事业单位净资产的概念和种类。
2. 行政事业单位预算结余的概念和种类。
3. 行政事业单位累计盈余的概念和核算方法。
4. 事业单位专用基金的概念和核算方法。
5. 行政事业单位本期盈余、本年盈余分配的概念和核算方法。
6. 行政事业单位无偿调拨净资产的概念和核算方法。
7. 行政事业单位资金结存的概念和核算方法。
8. 行政事业单位财政拨款结转、财政拨款结余的概念和核算方法。
9. 行政事业单位非财政拨款结转、非财政拨款结余的概念和核算方法。
10. 事业单位专用结余、经营结余的概念和核算方法。
11. 行政事业单位其他结余的概念和核算方法。
12. 事业单位非财政拨款结余分配的概念和核算方法。

二、复习题

（一）判断题

1. 在行政事业单位中，净资产属于预算会计要素。（　　）
2. 累计盈余是指行政事业单位本期各项收入、费用相抵后的余额。（　　）
3. 年末，“无偿调拨净资产”总账科目余额转入累计盈余。（　　）

4. 财政拨款结转是指行政事业单位取得的同级财政拨款项目支出结余资金。（　）

5. 专用结余是指事业单位按照规定从非财政拨款结余中提取的具有专门用途的资金。（　）

（二）单项选择题

1. “累计盈余”科目的对应科目不包括（　）。
A. “本年盈余分配”　B. “无偿调拨净资产”
C. “财政应返还额度”　D. “本期盈余”

2. 经财政部门批准对财政拨款结余资金改变用途，调整用于本单位基本支出或其他未完成项目支出时，借记“财政拨款结余”科目，贷记（　）科目。
A. “财政拨款收入”　B. “财政拨款结转”
C. “财政拨款预算收入”　D. “以前年度盈余调整”

3. 行政单位和事业单位共用的会计科目是（　）。
A. “专用结余”　B. “专用基金”
C. “非财政拨款结余分配”　D. “其他结余”

4. 行政事业单位“资金结存”总账科目的明细账科目不包括（　）。
A. “零余额账户用款额度”　B. “货币资金”
C. “财政应返还额度”　D. “固定资产”

5. “非财政拨款结转”总账科目的明细科目不包括（　）。
A. “缴回资金”　B. “累计结转”
C. “本年收支结转”　D. “归集上缴”

（三）多项选择题

1. 行政单位的净资产不包括（　）。
A. 累计盈余　B. 专用基金
C. 权益法调整　D. 本期盈余
E. 无偿调拨净资产

2. “专用基金”科目的对应科目可以有（　）。
A. “本年盈余分配”　B. “业务活动费用”
C. “累计盈余”　D. “银行存款”
E. “资金结存”

3. 行政事业单位按照规定上缴财政拨款结转结余时，可能使用的会计科目包括（　）。
A. “累计盈余”　B. “财政应返还额度”

C.“资金结存”　　D.“财政拨款结转”

E.“财政拨款结余”

4. 只有事业单位使用、行政单位不使用的会计科目包括（　　）。

A.“非财政拨款结余分配”　　B.“财政拨款结转”

C.“非财政拨款结转”　　D.“专用结余”

E.“经营结余”

5.“财政拨款结转”总账科目的明细账科目包括（　　）。

A.“年初余额调整”　　B.“归集调入”

C.“归集调出”　　D.“单位内部调剂”

E.“本年收支结转”

三、复习题答案

（一）判断题

1. ×　　2. ×

3. √　　4. ×

5. √

（二）单项选择题

1. D　　2. B

3. D　　4. D

5. D

（三）多项选择题

1. BC　　2. ABCD

3. ABCDE　　4. ADE

5. ABCDE

四、教材练习题答案

练习一

（1）按照规定向其他单位调出财政拨款结转资金。

在财务会计中：

借：累计盈余 15 000

贷：财政应返还额度 15 000

同时，在预算会计中：

借：财政拨款结转——归集调出 15 000

贷：资金结存——财政应返还额度 15 000

（2）年末，将“本年盈余分配”科目借方余额转入“累计盈余”科目。

在财务会计中：

借：累计盈余 6 500

贷：本年盈余分配 6 500

（3）年末，将“无偿调拨净资产”科目贷方余额转入“累计盈余”科目。

在财务会计中：

借：无偿调拨净资产 96 000

贷：累计盈余 96 000

练习二

（1）根据有关规定从事业收入中提取专用基金。

在财务会计中：

借：业务活动费用 2 800

贷：专用基金 2 800

（2）按照规定使用从事业收入中提取的专用基金。

在财务会计中：

借：固定资产 6 300

贷：银行存款 6 300

借：专用基金 6 300

贷：累计盈余 6 300

同时，在预算会计中：

借：事业支出 6 300

贷：资金结存——货币资金 6 300

（3）根据规定使用从非财政拨款结余中提取的专用基金。

在财务会计中：

借：专用基金 7 600

贷：银行存款 7 600

同时，在预算会计中：

借：专用结余 7 600

贷：资金结存——货币资金 7 600

（4）年末，根据规定从本年度非财政拨款结余中提取专用基金。

在财务会计中：

借：本年盈余分配	4 300	
贷：专用基金		4 300

同时，在预算会计中：

借：非财政拨款结余分配	4 300	
贷：专用结余		4 300

练习三

（1）结转各类收入科目本年发生额时。

借：财政拨款收入	228 000	
事业收入	75 000	
其他收入	900	
贷：本期盈余		303 900

（2）结转各类费用科目本年发生额时。

借：本期盈余	294 300	
贷：业务活动费用		263 000
单位管理费用		29 800
资产处置费用		1 200
其他费用		300

（3）将“本期盈余”科目年末贷方余额转入“本年盈余分配”科目时。

借：本期盈余	9 600	
贷：本年盈余分配		9 600

练习四

（1）收到代理银行转来的财政授权支付额度到账通知书。

在财务会计中：

借：零余额账户用款额度	60 000	
贷：财政拨款收入		60 000

同时，在预算会计中：

借：资金结存——零余额账户用款额度	60 000	
贷：财政拨款预算收入		60 000

（2）从单位零余额账户中提取现金。

在财务会计中：

借：库存现金	800	
贷：零余额账户用款额度		800

同时，在预算会计中：

借：资金结存——货币资金　800

　贷：资金结存——零余额账户用款额度　800

(3) 通过财政授权支付方式购买一批库存物品。

在财务会计中：

借：库存物品　2 780

　贷：零余额账户用款额度　2 780

同时，在预算会计中：

借：事业支出　2 780

　贷：资金结存——零余额账户用款额度　2 780

(4) 在开展专业业务活动中收到一笔事业收入。

在财务会计中：

借：银行存款　3 200

　贷：事业收入　3 200

同时，在预算会计中：

借：资金结存——货币资金　3 200

　贷：事业预算收入　3 200

(5) 年末，本年度财政直接支付预算指标数大于当年财政直接支付实际支出数。

在财务会计中：

借：财政应返还额度——财政直接支付　1 500

　贷：财政拨款收入　1 500

同时，在预算会计中：

借：资金结存——财政应返还额度　1 500

　贷：财政拨款预算收入　1 500

练习五

(1) 按规定上缴财政拨款结转资金。

在财务会计中：

借：累计盈余　26 200

　贷：财政应返还额度　26 200

同时，在预算会计中：

借：财政拨款结转——归集上缴　26 200

　贷：资金结存——财政应返还额度　26 200

(2) 年末，将财政拨款预算收支转入“财政拨款结转”科目。

在预算会计中：

①结转财政拨款预算收入科目本年发生额时。

借：财政拨款预算收入 288 000
　贷：财政拨款结转——本年收支结转 288 000

②结转财政拨款支出科目本年发生额时。

借：财政拨款结转——本年收支结转 286 500
　贷：行政支出——财政拨款支出 282 000
　　其他支出——财政拨款支出 4 500

(3) 年末，冲销财政拨款结转有关明细科目余额。

在预算会计中：

借：财政拨款结转——本年收支结转 1 500
　　——累计结转 24 700
　贷：财政拨款结转——归集上缴 26 200

(4) 年末，将符合财政拨款结余性质的项目余额转入财政拨款结余。

在预算会计中：

借：财政拨款结转——累计结转 400
　贷：财政拨款结余——结转转入 400

练习六

(1) 财政拨款结余资金调整用于本单位其他未完成项目。

在预算会计中：

借：财政拨款结余——单位内部调剂 13 600
　贷：财政拨款结转——单位内部调剂 13 600

(2) 年末，将符合财政拨款结余性质的项目余额转入财政拨款结余。

在预算会计中：

借：财政拨款结转——累计结转 11 200
　贷：财政拨款结余——结转转入 11 200

(3) 年末，冲销财政拨款结余有关明细科目余额。

在预算会计中：

借：财政拨款结余——结转转入 11 200
　　——累计结余 2 400
　贷：财政拨款结余——单位内部调剂 13 600

练习七

(1) 按规定从科研项目预算收入中提取项目管理费。

在财务会计中：

借：单位管理费用 16 000
　贷：预提费用——项目间接费用或管理费 16 000

同时，在预算会计中：

借：非财政拨款结转——项目间接费用或管理费　16 000

　贷：非财政拨款结余——项目间接费用或管理费　16 000

（2）年末，将非财政拨款专项资金预算收支本年发生额转入“非财政拨款结转”科目。

在预算会计中：

①结转非财政拨款专项资金预算收入科目本年发生额时。

借：事业预算收入——专项资金收入　655 000

　上级补助预算收入——专项资金收入　78 000

　非同级财政拨款预算收入——专项资金收入　26 000

　其他预算收入——专项资金收入　7 500

　贷：非财政拨款结转——本年收支结转　766 500

②结转非财政拨款专项资金支出科目本年发生额时。

借：非财政拨款结转——本年收支结转　762 000

　贷：事业支出——非财政专项资金支出　758 500

　　其他支出——非财政专项资金支出　3 500

（3）年末，冲销非财政拨款结转有关明细科目余额。

在预算会计中：

借：非财政拨款结转——本年收支结转　4 500

　　——累计结转　11 500

　贷：非财政拨款结转——项目间接费用或管理费　16 000

（4）年末，将留归本单位使用的非财政拨款专项剩余资金转入非财政拨款结余。

在预算会计中：

借：非财政拨款结转——累计结转　600

　贷：非财政拨款结余——结转转入　600

练习八

（1）按规定从科研项目预算收入中提取项目管理费。

在财务会计中：

借：单位管理费用　2 000

　贷：预提费用——项目间接费用或管理费　2 000

同时，在预算会计中：

借：非财政拨款结转——项目间接费用或管理费　2 000

　贷：非财政拨款结余——项目间接费用或管理费　2 000

（2）年末，将留归本单位使用的非财政拨款专项剩余资金转入非财政拨款结余。

在预算会计中：

借：非财政拨款结转——累计结转　660

　贷：非财政拨款结余——结转转入　660

（3）年末，冲销“非财政拨款结余”科目相关明细科目的余额。

在预算会计中：

借：非财政拨款结余——结转转入　660

——项目间接费用或管理费　2 000

　贷：非财政拨款结余——累计结余　2 660

（4）年末，将非财政拨款非专项资金事业活动预算收支转入其他结余。之后，将其他结余转入非财政拨款结余分配。

在预算会计中：

①结转非财政拨款非专项资金事业活动预算收入科目本年发生额时。

借：事业预算收入——非专项资金收入　9 500

　其他预算收入——非专项资金收入　300

　贷：其他结余　9 800

②结转非财政拨款非专项资金事业活动支出科目本年发生额时。

借：其他结余　9 400

　贷：事业支出——其他资金支出　9 200

　　其他支出——其他资金支出　200

③将“其他结余”科目的贷方余额转入“非财政拨款结余分配”科目时。

借：其他结余　400

　贷：非财政拨款结余分配　400

（5）年末，将经营预算收入和经营支出转入经营结余。之后，将经营结余转入非财政拨款结余分配。

在预算会计中：

①结转经营预算收入科目本年发生额时。

借：经营预算收入　4 000

　贷：经营结余　4 000

②结转经营支出科目本年发生额时。

借：经营结余　3 100

　贷：经营支出　3 100

③将“经营结余”科目的贷方余额转入“非财政拨款结余分配”科目时。

借：经营结余　900

　贷：非财政拨款结余分配　900

（6）年末，从其他结余和经营结余中提取专用基金。之后，将非财政拨款结余分配余额转入非财政拨款结余。

①按规定从其他结余和经营结余中提取专用基金时。

在财务会计中：

借：本年盈余分配 500

贷：专用基金 500

同时，在预算会计中：

借：非财政拨款结余分配 500

贷：专用结余 500

②将“非财政拨款结余分配”科目余额转入非财政拨款结余时。

在预算会计中：

借：非财政拨款结余分配 800

贷：非财政拨款结余——累计结余 800

练习九

（1）调整减少以前年度事业收入和累计盈余。

在财务会计中：

①调整减少以前年度事业收入。

借：以前年度盈余调整 30 000

贷：预收账款 30 000

②将以前年度盈余调整余额转入累计盈余。

借：累计盈余 30 000

贷：以前年度盈余调整 30 000

（2）收到上一年度退回款项。

在财务会计中：

借：零余额账户用款额度 2 460

贷：其他应收款 2 460

同时，在预算会计中：

借：资金结存——零余额账户用款额度 2 460

贷：财政拨款结转——年初余额调整 2 460

该事业单位在上一年度退货时，在财务会计中，借记“其他应收款”科目，贷记“库存物品”科目。在预算会计中，不做会计处理。

第十五章

行政事业单位会计报表

一、学习要点

1. 行政事业单位会计报表的概念和种类。
2. 行政事业单位资产负债表的概念和编制方法。
3. 行政事业单位收入费用表的概念和编制方法。
4. 行政事业单位净资产变动表的概念和编制方法。
5. 行政事业单位现金流量表的概念和编制方法。
6. 行政事业单位预算收入支出表的概念和编制方法。
7. 行政事业单位预算结转结余变动表的概念和编制方法。
8. 行政事业单位财政拨款预算收入支出表的概念和编制方法。
9. 行政事业单位财务会计报表附注的概念和主要内容。

二、复习题

(一) 判断题

1. 行政事业单位会计报表由财务会计报表和预算会计报表构成。 (　　)

2. 行政事业单位财务会计报表包括资产负债表、预算收入支出表、净资产变动表和现金流量表。 (　　)

3. 行政事业单位预算会计报表包括预算收入支出表、预算结转结余变动表和现金流量表。 (　　)

4. 财政拨款预算收入支出表是反映单位在某一会计年度内各项预算收入、

预算支出和预算收支差额情况的报表。（　）

5. 行政事业单位应当在财务会计报表附注中对本年盈余与预算结余的差异情况作出说明。（　）

（二）单项选择题

1. 在行政事业单位资产负债表的年报中，不需要列示的项目是（　）。

A. "累计盈余"　　B. "专用基金"

C. "权益法调整"　　D. "无偿调拨净资产"

2. 在收入费用表中，行政单位和事业单位都需要列示的项目是（　）。

A. "业务活动费用"　　B. "投资收益"

C. "附属单位上缴收入"　　D. "对附属单位补助费用"

3. 在将年度预算收入支出表中的"本年预算收支差额"调节为年度收入费用表中的"本期盈余"时，调节增加的项目是（　）。

A. "取得借款确认的预算收入"

B. "应付款项、预付账款确认的费用"

C. "计提的折旧费用和摊销费用"

D. "应收款项、预收账款确认的收入"

4. 需要详细列示基本支出、项目支出收支情况的会计报表是（　）。

A. 净资产变动表

B. 预算结转结余变动表

C. 财政拨款预算收入支出表

D. 预算收入支出表

5. 在收入费用表中，可能为负数的项目是（　）。

A. "财政拨款收入"　　B. "事业收入"

C. "业务活动费用"　　D. "本期盈余"

（三）多项选择题

1. 在行政事业单位资产负债表中，"货币资金"项目反映单位期末（　）的合计数。

A. 库存现金　　B. 银行存款

C. 零余额账户用款额度　　D. 其他货币资金

E. 财政应返还额度

2. 在收入费用表中，行政单位不需要列示的项目是（　）。

A. "事业收入"　　B. "经营收入"

C. "上级补助收入"　　D. "单位管理费用"

E. "所得税费用"

3. 在净资产变动表中，“本年变动金额”行列示的具体变动原因包括（　　）。

A. 以前年度盈余调整　　B. 本年盈余

C. 无偿调拨净资产　　D. 归集调整预算结转结余

E. 提取或设置专用基金

4. 现金流量表所指的现金包括（　　）。

A. 库存现金

B. 零余额账户用款额度

C. 银行存款

D. 通过财政直接支付方式支付的款项

E. 财政应返还额度

5. 行政单位资产负债表的年报中没有（　　）项目。

A. “累计盈余”　　B. “专用基金”

C. “权益法调整”　　D. “无偿调拨净资产”

E. “本期盈余”

三、复习题答案

（一）判断题

1. √　　2. ×

3. ×　　4. ×

5. √

（二）单项选择题

1. D　　2. A

3. D　　4. C

5. D

（三）多项选择题

1. ABCD　　2. ABCDE

3. BCDE　　4. ABCDE

5. BCDE

四、教材练习题答案

练习一

该事业单位20×4年12月31日的资产负债表如表15-1所示。

表15-1 资产负债表

编制单位：某事业单位　　20×4年12月31日　　单位：元

资产	期末余额	年初余额	负债和净资产	期末余额	年初余额
流动资产：			流动负债：		
货币资金	390	（略）	短期借款		（略）
短期投资			应交增值税		
财政应返还额度	310		其他应交税费		
应收票据			应缴财政款		
应收账款净额	140		应付职工薪酬	520	
预付账款	150		应付票据		
应收股利			应付账款	260	
应收利息			应付政府补贴款		
其他应收款净额			应付利息		
存货	220		预收账款		
待摊费用			其他应付款		
一年内到期的非流动资产			预提费用		
其他流动资产			一年内到期的非流动负债	100	
流动资产合计	1 210		其他流动负债		
非流动资产：			流动负债合计	880	
长期股权投资			非流动负债：		
长期债券投资			长期借款		
固定资产原值	438 000		长期应付款	800	
减：固定资产累计折旧	78 200		预计负债		
固定资产净值	359 800		其他非流动负债		
工程物资			非流动负债合计	800	
在建工程	13 500		受托代理负债		
无形资产原值	39 800		负债合计	1 680	
减：无形资产累计摊销	5 300				
无形资产净值	34 500				

续前表

资产	期末余额	年初余额	负债和净资产	期末余额	年初余额
研发支出					
公共基础设施原值					
减：公共基础设施累计折旧（摊销）					
公共基础设施净值					
政府储备物资					
文物文化资产					
保障性住房原值					
减：保障性住房累计折旧			净资产：		
保障性住房净值			累计盈余	407 100	
长期待摊费用			专用基金	230	
待处理财产损溢			权益法调整		
其他非流动资产			无偿调拨净资产*		
非流动资产合计	407 800		本期盈余*		
受托代理资产			净资产合计	407 330	
资产总计	409 010		负债和净资产总计	409 010	

练习二

该事业单位 20×4 年度的收入费用表如表 15－2 所示。

表 15－2　　　　收入费用表

编制单位：某事业单位　　　　20×4 年度　　　　单位：元

项目	本年数	上年数
一、本期收入	9 730	（略）
（一）财政拨款收入	5 600	
其中：政府性基金收入		
（二）事业收入	3 800	
（三）上级补助收入	250	
（四）附属单位上缴收入		
（五）经营收入		
（六）非同级财政拨款收入		
（七）投资收益		
（八）捐赠收入		
（九）利息收入	60	
（十）租金收入		
（十一）其他收入	20	
二、本期费用	29 440	
（一）业务活动费用	27 650	

续前表

项目	本年数	上年数
（二）单位管理费用	1 350	
（三）经营费用		
（四）资产处置费用	410	
（五）上缴上级费用		
（六）对附属单位补助费用		
（七）所得税费用		
（八）其他费用	30	
三、本期盈余	－19 710	

练习三

该事业单位20×4年度的净资产变动表如表15－3所示。

表15－3　　净资产变动表

编制单位：某事业单位　　20××年度　　单位：元

项目	本年数				上年数			
	累计盈余	专用基金	权益法调整	净资产合计	累计盈余	专用基金	权益法调整	净资产合计
一、上年年末余额	426 850	220		427 070			（略）	
二、以前年度盈余调整（减少以“－”号填列）		—	—			—	—	
三、本年年初余额	426 850	220		427 070				
四、本年变动金额（减少以“－”号填列）	－19 750	10		－19 740				
（一）本年盈余	－19 710	—	—	－19 710		—	—	
（二）无偿调拨净资产		—	—			—	—	
（三）归集调整预算结转结余		—	—			—	—	
（四）提取或设置专用基金			—				—	
其中：从预算收入中提取	—		—		—		—	
从预算结余中提取	－40	40	—				—	
设置的专用基金	—		—		—		—	
（五）使用专用基金		－30	—	－30			—	
（六）权益法调整	—	—			—	—		
五、本年年末余额	407 100	230		407 330				

练习四

该事业单位20×4年度的预算收入支出表如表15－4所示。

表 15－4　预算收入支出表

编制单位：某事业单位　　20×4 年度　　单位：元

项目	本年数	上年数
一、本年预算收入	10 430	（略）
（一）财政拨款预算收入	5 600	
其中：政府性基金收入		
（二）事业预算收入	4 500	
（三）上级补助预算收入	250	
（四）附属单位上缴预算收入		
（五）经营预算收入		
（六）债务预算收入		
（七）非同级财政拨款预算收入		
（八）投资预算收益		
（九）其他预算收入	80	
其中：利息预算收入	60	
捐赠预算收入		
租金预算收入		
二、本年预算支出	9 650	
（一）行政支出		
（二）事业支出	9 620	
（三）经营支出		
（四）上缴上级支出		
（五）对附属单位补助支出		
（六）投资支出		
（七）债务还本支出		
（八）其他支出	30	
其中：利息支出		
捐赠支出		
三、本年预算收支差额	780	

练习五

该事业单位 20×4 年度的预算结转结余变动表如表 15－5 所示。

表 15－5　预算结转结余变动表

编制单位：某事业单位　　20×4 年度　　单位：元

项目	本年数	上年数
一、年初预算结转结余	160	（略）
（一）财政拨款结转结余	40	
（二）其他资金结转结余	120	
二、年初余额调整（减少以“－”号填列）		

续前表

项目	本年数	上年数
（一）财政拨款结转结余		
（二）其他资金结转结余		
三、本年变动金额（减少以“—”号填列）	750	
（一）财政拨款结转结余	530	
1. 本年收支差额	530	
2. 归集调入		
3. 归集上缴或调出		
（二）其他资金结转结余	220	
1. 本年收支差额	250	
2. 缴回资金		
3. 使用专用结余	—30	
4. 支付所得税		
四、年末预算结转结余	910	
（一）财政拨款结转结余	570	
1. 财政拨款结转	550	
2. 财政拨款结余	20	
（二）其他资金结转结余	340	
1. 非财政拨款结转	30	
2. 非财政拨款结余	80	
3. 专用结余	230	
4. 经营结余（如有余额，以“—”号填列）		

练习六

该事业单位20×4年度的财政拨款预算收入支出表如表15-6所示。

表15-6　　财政拨款预算收入支出表

编制单位：某事业单位　　20×4年度　　单位：元

项目	年初财政拨款结转结余		调整年初财政拨款结转结余	本年归集调入	本年归集上缴或调出	单位内部调剂		本年财政拨款收入	本年财政拨款支出	年末财政拨款结转结余	
	结转	结余				结转	结余			结转	结余
一、一般公共预算财政拨款	35	5				5	—5	5 600	5 070	550	20
（一）基本支出	10							3 900	3 880	30	
1. 人员经费											
2. 日常公用经费											
（二）项目支出	25	5				5	—5	1 700	1 190	520	20
1. ××项目											
2. ××项目											

续前表

项目	年初财政拨款结转结余		调整年初财政拨款结转结余	本年归集调入	本年归集上缴或调出	单位内部调剂		本年财政拨款收入	本年财政拨款支出	年末财政拨款结转结余	
	结转	结余				结转	结余			结转	结余
……											
二、政府性基金预算财政拨款											
（一）基本支出											
1. 人员经费											
2. 日常公用经费											
（二）项目支出											
1. ××项目											
2. ××项目											
……											
总计	35	5				5	—5	5 600	5 070	550	20

第四篇

民间非营利组织会计

第十六章

民间非营利组织会计概述

一、学习要点

1. 民间非营利组织会计的概念。
2. 民间非营利组织的基本特征和主要种类。
3. 民间非营利组织的会计要素。

二、复习题

(一) 判断题

1. 民间非营利组织包括依照国家法律、行政法规登记的社会团体、基金会、民办非企业单位和公立学校等种类。 ( )

2. 资源提供者在民间非营利组织中按比例享有所有者权益。 ( )

3. 在民间非营利组织中，社会团体的例子如书法家协会、文学艺术界联合会、商会、老年协会、创业者联谊会、志愿者协会、民营企业家联谊会、作家协会、餐饮协会等。 ( )

4. 由民间筹资的扶贫基金会、教育发展基金会、青少年发展基金会、文化艺术发展基金会、中医药研究发展基金会、慈善基金会、公益基金会、红十字基金会、残疾人福利基金会等属于民间非营利组织中的基金会种类。 ( )

5. 民间非营利组织会计实行收付实现制会计核算基础。 ( )

(二) 单项选择题

1. 民间非营利组织的资金主要不是来源于（ ）。

A. 财政补助收入　　B. 服务收费

C. 社会捐赠　　D. 会费

2. 民间非营利组织的基本特征之一是（　　）。

A. 业务活动成本需要从业务活动收费中得到补偿

B. 业务活动不以营利为目的

C. 业务活动盈余可以向资源提供者进行分配

D. 资源提供者可以按资源提供数额享受所有者权益

3. 民间非营利组织会计设置（　　）总账科目。

A. “累计盈余”　　B. “专用基金”

C. “本年盈余分配”　　D. “限定性净资产”

4. 慈善组织通常属于民间非营利组织中的（　　）。

A. 民办非企业单位　　B. 基金会或民办非企业单位

C. 基金会　　D. 社会团体

5. 民间非营利组织的会计要素中不包括（　　）。

A. 负债　　B. 费用

C. 收入　　D. 利润

（三）多项选择题

1. 民间非营利组织包括依照国家法律、行政法规登记的（　　）。

A. 社会团体　　B. 基金会

C. 民办非企业单位　　D. 事业单位

E. 寺院

2. 民办非企业单位可以有（　　）。

A. 教育单位　　B. 卫生单位

C. 文化单位　　D. 社会中介单位

E. 行政单位

3. 民间非营利组织的会计要素包括（　　）。

A. 资产　　B. 负债

C. 所有者权益　　D. 净资产

E. 收入

4. 民间非营利组织不设置（　　）会计要素。

A. 预算支出　　B. 预算收入

C. 费用　　D. 预算结余

E. 收入

5. 总体而言，民间非营利组织的前两大收入来源是（　　）。

A. 提供服务收入　　B. 销售商品收入

C. 政府补助收入
D. 捐赠收入
E. 会费收入

三、复习题答案

（一）判断题

1. ×
2. ×
3. √
4. √
5. ×

（二）单项选择题

1. A
2. B
3. D
4. B
5. D

（三）多项选择题

1. ABCE
2. ABCD
3. ABDE
4. ABD
5. DE

第十七章

民间非营利组织的资产

一、学习要点

1. 民间非营利组织资产的概念和种类。
2. 民间非营利组织资产的计量方法。
3. 民间非营利组织文物文化资产和受托代理资产的概念和核算方法。
4. 民间非营利组织存货和长期股权投资的概念和核算方法。

二、复习题

(一) 判断题

1. 民间非营利组织的资产按照流动性可以分为流动资产、长期投资、固定资产、无形资产和受托代理资产等种类。 ( )

2. 民间非营利组织对于短期投资、存货、长期投资、固定资产等资产不需要计提减值准备。 ( )

3. 民间非营利组织拥有的历史文物、艺术品等属于民间非营利组织的文物文化资产。 ( )

4. 民间非营利组织接受捐赠的资产，在接受捐赠时，如果捐赠人提供了诸如发票等有关凭据，应当按照凭据上标明的金额作为入账价值；如果捐赠人没有提供诸如发票等有关凭据，应当以公允价值作为入账价值。 ( )

5. 民间非营利组织没有长期投资业务，也没有长期投资的资产种类。 ( )

（二）单项选择题

1. 民间非营利组织为行政管理、提供服务、生产商品或者出租目的而持有的预计使用年限超过一年且单位价值较高的有形资产是民间非营利组织的资产种类（　　）。

A. 长期股权投资　　B. 文物文化资产

C. 固定资产　　D. 存货

2. 民间非营利组织的固定资产（　　）。

A. 应当区分自有和融资租入确定是否需要计提折旧

B. 应当区分房屋和设备确定是否需要计提折旧

C. 应当区分管理部门用或业务部门用确定是否需要计提折旧

D. 应当计提折旧

3. 民间非营利组织的文物文化资产（　　）。

A. 应当计提折旧

B. 应当分类确定是否需要计提折旧

C. 不需要计提折旧

D. 应当区分情况确定是否需要计提折旧

4. 民间非营利组织收到受托代理现金资产时，可以借记（　　）账户。

A. “现金——受托代理资产”　　B. “短期投资”

C. “现金”　　D. “受托代理负债”

5. 民间非营利组织不需要计提资产减值准备的资产种类是（　　）。

A. 文物文化资产　　B. 短期投资

C. 存货　　D. 长期投资

（三）多项选择题

1. 民间非营利组织的资产种类包括（　　）等。

A. 流动资产　　B. 长期投资

C. 固定资产　　D. 文物文化资产

E. 公共基础设施

2. 民间非营利组织“受托代理负债”总账科目的对应科目可以有（　　）。

A. “受托代理资产”　　B. “现金”

C. “银行存款”　　D. “存货”

E. “固定资产”

3. 民间非营利组织“文物文化资产”总账科目的对应科目可以有（　　）。

A. “累计折旧”　　B. “存货跌价准备”

C.“银行存款”　　D.“捐赠收入”

E.“坏账准备”

4. 民间非营利组织长期股权投资的核算方法有（　　）。

A. 个别计价法　　B. 先进先出法

C. 加权平均法　　D. 成本法

E. 权益法

5. 民间非营利组织“存货”总账科目的对应科目可以有（　　）。

A.“应付账款”　　B.“捐赠收入”

C.“管理费用”　　D.“业务活动成本”

E.“非限定性净资产”

三、复习题答案

（一）判断题

1. √　　2. ×

3. ×　　4. √

5. ×

（二）单项选择题

1. C　　2. D

3. C　　4. A

5. A

（三）多项选择题

1. ABCD　　2. ABC

3. CD　　4. DE

5. ABCD

四、教材练习题答案

练习一

（1）以银行存款购买一项文物文化资产。

借：文物文化资产　　6 350

贷：银行存款　　　　6 350

(2) 接受捐赠人捐赠一项文物文化资产。

借：文物文化资产　　9 600

贷：捐赠收入　　　　9 600

(3) 出售一项文物文化资产。

借：固定资产清理　　4 500

贷：文物文化资产　　4 500

借：银行存款　　8 200

贷：固定资产清理　　8 200

借：固定资产清理　　3 700

贷：其他收入　　3 700

练习二

(1) 受托代理一项实物资产。

借：受托代理资产　　16 800

贷：受托代理负债　　16 800

(2) 收到一项受托代理实物资产。

借：受托代理负债　　16 800

贷：受托代理资产　　16 800

(3) 受托代理一项现金资产。

借：现金——受托代理资产　　1 000

贷：受托代理负债　　1 000

(4) 将收到的一项受托代理现金资产转赠。

借：受托代理负债　　1 000

贷：现金——受托代理资产　　1 000

练习三

(1) 以银行存款对外短期投资。

借：短期投资　　6 000

贷：银行存款　　6 000

(2) 出售一项短期投资。

借：银行存款　　3 780

贷：短期投资　　3 000

投资收益　　780

(3) 购入一台办公用设备。

借：固定资产　　7 900

贷：银行存款　　　　　　　　　　　　　　7 900

（4）对一项短期投资作跌价准备处理。

借：管理费用　　　　　　　　　　　　50

贷：短期投资跌价准备　　　　　　　　　　50

（5）对固定资产计提折旧。

借：管理费用　　　　　　　　　　　　520

业务活动成本　　　　　　　　　　　　830

贷：累计折旧　　　　　　　　　　　　　1 350

第十八章

民间非营利组织的负债

一、学习要点

1. 民间非营利组织负债的概念和种类。
2. 民间非营利组织流动负债的概念和种类。
3. 民间非营利组织长期负债的概念和种类。

二、复习题

(一) 判断题

1. 民间非营利组织的流动负债中不存在应交税金这一种类。（　）

2. 民间非营利组织的长期负债包括长期借款、应付债券、长期应付款等种类。（　）

3. 民间非营利组织的流动负债包括短期借款、应付票据、应付账款、预付账款、应付工资、应交税金、其他应付款、预提费用等种类。（　）

4. 民间非营利组织预提短期借款利息时，贷记“短期借款”账户。（　）

5. 民间非营利组织发生长期借款利息时，贷记“长期借款”账户。（　）

(二) 单项选择题

1. 民间非营利组织对由或有事项而产生的现时义务作为（　）进行核算。

A. 预计负债　　B. 应付账款

C. 预提费用　　D. 应付票据

2. 民间非营利组织应付给职工的工资、奖金、津贴等通过（　　）账户进行核算。

A. "应付账款"　　B. "其他应付款"

C. "应付工资"　　D. "受托代理负债"

3. 民间非营利组织如果发生了个人所得税纳税义务时，按照规定计算应代扣代交的个人所得税，（　　）。

A. 借记"应付工资"科目，贷记"银行存款"科目

B. 借记"其他费用"科目，贷记"应交税金"科目

C. 借记"管理费用"科目，贷记"应付工资"科目

D. 借记"应付工资"科目，贷记"应交税金"科目

4. 民间非营利组织在发生应付经营租入固定资产的租金时，贷记（　　）科目。

A. "其他应付款"　　B. "应付账款"

C. "长期应付款"　　D. "预提费用"

5. 民间非营利组织在转赠或者转出受托代理资产时，应当（　　）。

A. 借记"受托代理负债"科目，贷记"存货"科目

B. 借记"受托代理负债"科目，贷记"受托代理资产"科目

C. 借记"预收账款"科目，贷记"受托代理资产"科目

D. 借记"主营业务成本"科目，贷记"受托代理负债"科目

（三）多项选择题

1. 民间非营利组织的流动负债包括（　　）。

A. 短期借款　　B. 应付票据

C. 应付账款　　D. 应付工资

E. 应交税金

2. 民间非营利组织的长期负债包括（　　）。

A. 长期应付款　　B. 受托代理负债

C. 长期借款　　D. 预提费用

E. 应付债券

3. 按照现行《民间非营利组织会计制度》的规定，民间非营利组织借记"筹资费用"科目，贷记的科目可以有（　　）。

A. "预提费用"　　B. "应付票据"

C. "应交税金"　　D. "长期借款"

E. "长期应付款"

4. "应交税金"总账科目的对应科目可以有（　　）。

A. “其他费用”　　B. “应付工资”

C. “银行存款”　　D. “商品销售收入”

E. “存货”

5. 以下（　　）总账科目属于负债科目。

A. “预收账款”　　B. “预付账款”

C. “其他应付款”　　D. “坏账准备”

E. “应付账款”

三、复习题答案

（一）判断题

1. ×　　2. ×

3. ×　　4. ×

5. √

（二）单项选择题

1. A　　2. C

3. D　　4. A

5. B

（三）多项选择题

1. ABCDE　　2. AC

3. ABD　　4. ABCDE

5. ACE

四、教材练习题答案

练习一

（1）从银行取得短期借款。

借：银行存款　　8 000

　贷：短期借款　　8 000

（2）计提短期借款利息。

借：筹资费用　　240

　贷：预提费用　　240

（3）以银行存款归还短期借款本金，同时，支付利息。

借：短期借款 8 000

　　预提费用 960

　贷：银行存款 8 960

练习二

（1）购买一批办公用品。

借：存货 780

　贷：应付账款 780

（2）以银行存款支付应付账款。

借：应付账款 380

　贷：银行存款 380

（3）开出一张商业汇票，抵付应付账款。

借：应付账款 400

　贷：应付票据 400

练习三

（1）因开展业务活动需要向银行长期借款。

借：银行存款 500 000

　贷：长期借款 500 000

（2）按期计提长期借款利息。

借：在建工程 6 000

　贷：长期借款 6 000

（3）按期计提长期借款利息。

借：筹资费用 6 000

　贷：长期借款 6 000

第十九章

民间非营利组织的收入

一、学习要点

1. 民间非营利组织收入的概念和种类。
2. 捐赠收入的概念和种类。
3. 捐赠收入的确认和核算方法。
4. 会费收入的概念和核算方法。
5. 提供服务收入的概念和核算方法。
6. 商品销售收入的概念和核算方法。
7. 政府补助收入的概念和核算方法。
8. 投资收益的概念和核算方法。

二、复习题

(一) 判断题

1. 一般情况下，捐赠收入是民间非营利组织中社会团体组织的最主要的收入来源。 (　　)

2. 一般情况下，提供服务收入是民间非营利组织中基金会组织的最主要的收入来源。 (　　)

3. 一般情况下，提供服务收入是民间非营利组织中非企业组织的重要收入来源。 (　　)

4. 民间非营利组织接受政府拨款取得的收入也属于捐赠收入。 (　　)

5. 按照捐赠人是否对捐赠资产附带时间或者用途限制条件，捐赠收入可以区分成限定性捐赠收入和非限定性捐赠收入。（ ）

（二）单项选择题

1. 对于基金会非营利组织来说，（ ）是最主要的收入种类。

A. 捐赠收入　　B. 会费收入

C. 提供服务收入　　D. 投资收益

2. 在以下收入种类中，最有可能存在用途限定条件的是（ ）。

A. 商品销售收入　　B. 会费收入

C. 捐赠收入　　D. 提供服务收入

3. 民间非营利组织限定性捐赠收入的限制条件在确认收入的当期得到解除时，应当（ ）。

A. 借记“捐赠收入——非限定性捐赠收入”科目，贷记“捐赠收入——限定性捐赠收入”科目

B. 借记“捐赠收入——非限定性捐赠收入”科目，贷记“非限定性净资产”科目

C. 借记“限定性净资产”科目，贷记“非限定净资产”科目

D. 借记“捐赠收入——限定性捐赠收入”科目，贷记“捐赠收入——非限定性捐赠收入”科目

4. 民间非营利组织确定无法满足限制条件从而需要向捐赠人退还捐赠款项时，应当（ ）。

A. 借记“捐赠收入——限定性捐赠收入”科目，贷记“其他应付款”科目

B. 借记“管理费用”科目，贷记“其他应付款”科目。

C. 借记“捐赠收入——限定性捐赠收入”科目，贷记“限定性净资产”科目

D. 借记“业务活动成本”科目，贷记“其他应付款”科目

5. 民间非营利组织借记“应收账款”科目时，相对来说，最不可能贷记（ ）科目。

A. “商品销售收入”　　B. “捐赠收入”

C. “提供服务收入”　　D. “会费收入”

（三）多项选择题

1. 民间非营利组织处置固定资产的净收入不属于（ ）。

A. 投资收益　　B. 商品销售收入

C. 捐赠收入　　D. 其他收入

E. 提供服务收入

2. 民间非营利组织需要区分限定性收入与非限定性收入的收入种类包括（　　）。

A. 其他收入　　B. 商品销售收入

C. 捐赠收入　　D. 提供服务收入

E. 会费收入

3. 民间非营利组织年终应当根据情况将各种收入结转至（　　）。

A. 限定性净资产　　B. 非限定性净资产

C. 本期盈余　　D. 累计盈余

E. 本年盈余分配

4. 民间非营利组织采用成本法核算长期股权投资的，当被投资单位宣告发放现金股利或利润时，应当借记"其他应收款"科目，贷记（　　）科目。

A. "捐赠收入——限定性收入"

B. "捐赠收入——非限定性收入"

C. "投资收益——限定性收入"

D. "投资收益——非限定性收入"

E. "其他收入——非限定性收入"

5. 民间非营利组织持有债券投资期间，按期计算确认债券利息收入时，应当根据情况（　　）。

A. 借记"其他应收款"科目，贷记"投资收益"科目

B. 借记"长期债权投资"科目，贷记"投资收益"科目

C. 借记"长期股权投资"科目，贷记"投资收益"科目

D. 借记"投资收益"科目，贷记"长期股权投资"科目

E. 借记"其他应收款"科目，贷记"其他收入"科目

三、复习题答案

（一）判断题

1. ×　　2. ×

3. √　　4. ×

5. √

（二）单项选择题

1. A　　2. C

3. D　　4. B

5. B

（三）多项选择题

1. ABCE
2. ABCDE
3. AB
4. CD
5. AB

四、教材练习题答案

练习一

（1）收到捐赠人捐赠一笔款项。

借：银行存款	4 600	
贷：捐赠收入——非限定性收入		4 600

（2）收到捐赠人捐赠一笔款项。

借：银行存款	9 500	
贷：捐赠收入——限定性收入		9 500

（3）将收到的捐赠款项用于专业业务活动。

借：业务活动成本	9 500	
贷：银行存款		9 500
借：捐赠收入——限定性收入	9 500	
贷：捐赠收入——非限定性收入		9 500

（4）收到捐赠人捐赠一批日常生活用品。

借：存货	6 350	
贷：捐赠收入——限定性收入		6 350

（5）收到捐赠人捐赠一台办公设备。

借：固定资产	14 500	
贷：捐赠收入——非限定性收入		14 500

（6）年终结账。

借：捐赠收入——限定性收入	48 500	
贷：限定性净资产		48 500
借：捐赠收入——非限定性收入	39 400	
贷：非限定性净资产		39 400

练习二

（1）完成向服务对象提供某项专业服务。

借：银行存款　8 800
　贷：提供服务收入——非限定性收入　8 800
（2）销售商品一批。
借：应收账款　2 200
　贷：商品销售收入——非限定性收入　2 200
（3）实现提供服务收入。
借：应收账款　1 450
　贷：提供服务收入——非限定性收入　1 450
（4）年终结账。
借：提供服务收入——非限定性收入　16 200
　贷：非限定性净资产　16 200
借：商品销售收入——非限定性收入　9 600
　贷：非限定性净资产　9 600

练习三

（1）收到政府补助收入。
借：银行存款　26 500
　贷：政府补助收入——限定性收入　16 500
　　——非限定性收入　10 000
（2）用政府补助收入为业务部门购买办公设备。
借：固定资产　16 500
　贷：银行存款　16 500
借：政府补助收入——限定性收入　16 500
　贷：政府补助收入——非限定性收入　16 500
（3）收到债券投资利息。
借：银行存款　2 620
　贷：投资收益——非限定性收入　2 620
（4）年终结账。
借：政府补助收入——限定性收入　2 300
　贷：限定性净资产　2 300
借：政府补助收入——非限定性收入　36 500
　贷：非限定性净资产　36 500
借：投资收益——限定性收入　2 980
　贷：限定性净资产　2 980

第二十章

民间非营利组织的费用

一、学习要点

1. 民间非营利组织费用的概念和种类。
2. 民间非营利组织业务活动成本的概念和核算方法。
3. 民间非营利组织管理费用的概念和核算方法。
4. 民间非营利组织筹资费用的概念和核算方法。

二、复习题

(一) 判断题

1. 民间非营利组织的费用按照其功能可以分为业务活动成本、管理费用、财务费用和其他费用等种类。 ( )

2. 民间非营利组织在开展有关非营利项目活动过程中发生的费用属于管理费用。 ( )

3. 民间非营利组织专设的筹资部门发生的费用属于筹资费用。 ( )

4. 民间非营利组织的某些费用如果是属于业务活动、管理活动、筹资活动共同发生的，应当将这些费用采用合理的方法在这些活动中进行分配。 ( )

5. 民间非营利组织的某些费用如果是属于多项业务活动共同发生的，应当将这些费用计入管理费用。 ( )

(二) 单项选择题

1. 民间非营利组织的费用种类不包括（ ）。

A. 管理费用　　B. 筹资费用
C. 业务活动成本　　D. 产品销售成本
2. 民间非营利组织董事会或者理事会等权力机构发生的费用属于（　　）。
A. 管理费用　　B. 业务活动成本
C. 筹资费用　　D. 其他费用
3. 民间非营利组织筹资部门发生的筹资宣传费用属于（　　）。
A. 其他费用　　B. 管理费用
C. 筹资费用　　D. 业务活动成本
4. 民间非营利组织项目管理部门发生的固定资产折旧费用属于（　　）。
A. 管理费用　　B. 业务活动成本
C. 筹资费用　　D. 其他费用
5. 民间非营利组织为管理活动、业务活动而发生的共同费用应当（　　）。
A. 全部计入管理费用
B. 全部计入业务活动成本
C. 采用合理的方法分配计入管理费用和业务活动成本
D. 全部计入其他费用

(三) 多项选择题

1. 民间非营利组织的（　　）总账科目一般不需要按照业务活动项目或种类设置明细账，进行明细核算。
A. “业务活动成本”　　B. “管理费用”
C. “其他费用”　　D. “筹资费用”
E. “非限定性净资产”
2. 民间非营利组织的（　　）计入其他费用。
A. 固定资产处置净损失　　B. 无形资产处置净损失
C. 所得税费用　　D. 存货盘亏或毁损
E. 固定资产折旧费用
3. 民间非营利组织应缴纳的增值税不通过（　　）科目核算。
A. “业务活动成本”　　B. “管理费用”
C. “其他费用”　　D. “应交税金”
E. “筹资费用”
4. 民间非营利组织的（　　）计入管理费用。
A. 短期投资跌价损失　　B. 长期投资跌价损失
C. 存货跌价损失　　D. 应付票据利息费用
E. 坏账损失
5. 期末，民间非营利组织的（　　）账户借方余额转入“非限定性净资产”账户。

A. “业务活动成本”　　B. “管理费用”
C. “筹资费用”　　D. “其他费用”
E. “待摊费用”

三、复习题答案

（一）判断题

1. ×　　2. ×
3. √　　4. √
5. ×

（二）单项选择题

1. D　　2. A
3. C　　4. B
5. C

（三）多项选择题

1. BCDE　　2. ABC
3. ABCE　　4. ABCE
5. ABCD

四、教材练习题答案

练习一

（1）儿童重大疾病慈善医疗援助项目开支。

借：业务活动成本——儿童重大疾病慈善医疗援助项目　3 800
　贷：银行存款　3 800

（2）贫困母亲慈善生活援助项目开支。

借：业务活动成本——贫困母亲慈善生活援助项目　2 900
　贷：现金　2 900

（3）自然灾害慈善救助项目开支。

借：业务活动成本——自然灾害慈善救助项目　15 200
　贷：存货　15 200

（4）自然灾害慈善救助项目办公室发生日常办公费用。

借：业务活动成本——自然灾害慈善救助项目　850
　贷：银行存款　850

（5）儿童重大疾病慈善医疗援助项目办公室固定资产计提折旧。

借：业务活动成本——儿童重大疾病慈善医疗援助项目　1 420
　贷：累计折旧　1 420

（6）年终结账。

借：非限定性净资产　105 000
　贷：业务活动成本——儿童重大疾病慈善医疗援助项目　46 000
　　　　　　　　——贫困母亲慈善生活援助项目　31 000
　　　　　　　　——自然灾害慈善救助项目　28 000

练习二

（1）以银行存款支付募款活动费用。

借：筹资费用　3 500
　贷：银行存款　3 500

（2）募款部门发生日常办公费用。

借：筹资费用　260
　贷：银行存款　260

（3）应计募款部门工作人员工资。

借：筹资费用　1 780
　贷：应付工资　1 780

（4）专项募款晚会收入。

借：银行存款　5 300
　贷：捐赠收入　5 300

（5）年终结账。

借：非限定性净资产　15 800
　贷：筹资费用　15 800

练习三

（1）以银行存款支付管理部门的日常办公费用。

借：管理费用　2 300
　贷：银行存款　2 300

（2）应计管理部门工作人员的工资。

借：管理费用　　4 630

　贷：应付工资　　4 630

（3）管理部门从仓库领用办公用品。

借：管理费用　　850

　贷：存货　　850

（4）对管理部门使用的固定资产计提折旧。

借：管理费用　　3 940

　贷：累计折旧　　3 940

（5）对应收账款计提坏账准备。

借：管理费用　　320

　贷：坏账准备　　320

（6）年终结账。

借：非限定性净资产　　26 500

　贷：管理费用　　26 500

第二十一章

民间非营利组织的净资产

一、学习要点

1. 民间非营利组织净资产的概念和种类。
2. 限定性净资产的概念和核算方法。
3. 非限定性净资产的概念和核算方法。

二、复习题

(一) 判断题

1. 民间非营利组织的净资产是指民间非营利组织收入减去费用后的余额。 （　）

2. 民间非营利组织的净资产应当按照其是否受到条件限制，区分为限定性净资产和非限定性净资产两个种类。 （　）

3. 民间非营利组织只要解除了有关限定条件中的任何一个限定条件，就可以将限定性净资产转入非限定性净资产。 （　）

4. 民间非营利组织董事会对净资产的使用作出的限定性决策，也构成民间非营利组织限定性净资产的组成内容。 （　）

5. 民间非营利组织的收入和费用应当区分情况分别转入限定性净资产和非限定性净资产。 （　）

(二) 单项选择题

1. 民间非营利组织的净资产是指（　）。

A. 资产减去负债后的余额

B. 收入减去费用后的余额

C. 收入减去支出后的余额

D. 固定资产原值减去累计折旧后的余额

2. 民间非营利组织当年取得的限定性收入在当年按照要求全部使用后，期末净资产（　　）。

A. 增加　　B. 减少

C. 既不增加，也不减少　　D. 可能增加，也可能不增加

3. 民间非营利组织当年取得的限定性收入在当年尚未使用，期末净资产（　　）。

A. 增加　　B. 减少

C. 可能增加，也可能不增加　　D. 既不增加，也不减少

4. 民间非营利组织当年使用去年取得的限定性收入时，当年年末的（　　）。

A. 非限定性净资产减少　　B. 非限定性净资产增加

C. 限定性净资产减少　　D. 限定性净资产增加

5. 在民间非营利组织中，与限定性净资产科目相对应的科目可以是（　　）。

A. “业务活动成本”　　B. “管理费用”

C. “非限定性净资产”　　D. “筹资费用”

（三）多项选择题

1. 民间非营利组织净资产的种类包括（　　）。

A. 限定性净资产　　B. 非限定性净资产

C. 累计盈余　　D. 专用基金

E. 权益法调整

2. “限定性净资产”总账科目的对应科目可以有（　　）。

A. “捐赠收入”　　B. “政府补助收入”

C. “投资收益”　　D. “非限定性净资产”

E. “业务活动成本”

3. “非限定性净资产”总账科目的对应科目可以有（　　）。

A. “捐赠收入”　　B. “会费收入”

C. “管理费用”　　D. “预提费用”

E. “业务活动成本”

4. 限定性净资产的限定条件通常来源于（　　）。

A. 法律　　B. 民间非营利组织董事会

C. 行政法规
D. 民间非营利组织行政管理机构
E. 资产提供者

5. 民间非营利组织于第二年使用限定性收入时，会计记录可能使用的总账科目包括（　　）。

A. “限定性净资产”
B. “捐赠收入”
C. “业务活动成本”
D. “非限定性净资产”
E. “银行存款”

三、复习题答案

（一）判断题

1. ×
2. √
3. ×
4. ×
5. ×

（二）单项选择题

1. A
2. D
3. A
4. C
5. C

（三）多项选择题

1. AB
2. ABCD
3. ABCE
4. ACE
5. ACDE

四、教材练习题答案

练习一

（1）将去年收到的政府补助收入按限定用途购买一项专用设备。

借：固定资产　　24 000

　贷：银行存款　　24 000

借：限定性净资产　　24 000

　贷：非限定性净资产　　24 000

（2）年终结账。

借：捐赠收入——限定性收入　　9 400

政府补助收入——限定性收入　　3 200

投资收益——限定性收入　　1 100

贷：限定性净资产　　13 700

练习二

（1）到达捐赠者提出的可以使用捐赠收入的时间。

借：限定性净资产　　5 600

贷：非限定性净资产　　5 600

（2）年终收入结账。

借：捐赠收入——非限定性收入　　8 500

政府补助收入——非限定性收入　　2 300

投资收益——非限定性收入　　480

其他收入——非限定性收入　　320

贷：非限定性净资产　　11 600

（3）年终费用结账。

借：非限定性净资产　　11 100

贷：业务活动成本　　7 200

管理费用　　2 300

筹资费用　　1 200

其他费用　　400

第二十二章

民间非营利组织财务报表

一、学习要点

1. 民间非营利组织会计报表的概念和种类。
2. 民间非营利组织资产负债表的概念和编制方法。
3. 民间非营利组织业务活动表的概念和编制方法。
4. 民间非营利组织现金流量表的概念和编制方法。
5. 民间非营利组织会计报表附注的主要内容。

二、复习题

（一）判断题

1. 民间非营利组织的会计报表至少应当包括资产负债表、预算收入支出表和现金流量表三张报表。（　）

2. 民间非营利组织的会计报表应当包括资产负债表和利润表两张。（　）

3. 民间非营利组织的资产负债表中不纳入受托代理资产和受托代理负债的内容。（　）

4. 在民间非营利组织的业务活动表中，限定性收入和费用、非限定性收入和费用分别反映。（　）

5. 在民间非营利组织的业务活动表中，限定性净资产转为非限定性净资产的数额单独反映，具体表现为限定性净资产减少，非限定性净资产增加。

（　）

（二）单项选择题

1. 民间非营利组织的会计报表不包括（　　）。

A. 资产负债表　　B. 利润表

C. 业务活动表　　D. 现金流量表

2. 在民间非营利组织的资产负债表中，资产、负债或净资产的项目中不包括（　　）。

A. “受托代理负债”　　B. “累计盈余”

C. “文物文化资产”　　D. “限定性净资产”

3. 在民间非营利组织的业务活动表中，不会引起限定性净资产数额发生增减变动的项目是（　　）。

A. “业务活动成本”

B. “限定性净资产转为非限定性净资产”

C. “捐赠收入”

D. “投资收益”

4. 民间非营利组织获得的非限定性固定资产捐赠收入，在资产负债表中反映在（　　）项目中。

A. “限定性净资产”　　B. “受托代理负债”

C. “非限定性净资产”　　D. “受托代理资产”

5. 民间非营利组织在对限定性固定资产计提折旧时，除了应当借记费用类科目，贷记“累计折旧”科目外，还应当（　　）。

A. 借记“限定性净资产”科目，贷记“非限定性净资产”科目

B. 借记“非限定性净资产”科目，贷记“限定性净资产”科目

C. 借记收入类科目的“限定性收入”明细科目，贷记“非限定性净资产”科目

D. 借记收入类科目的“非限定性收入”明细科目，贷记“限定性净资产”科目

（三）多项选择题

1. 在民间非营利组织的业务活动表中，需要单独列示的信息包括（　　）。

A. 非限定性捐赠收入

B. 限定性捐赠收入

C. 每个具体项目的业务活动成本

D. 限定性净资产转为非限定性净资产

E. 筹资费用

2. 在民间非营利组织的现金流量表中，业务活动产生的现金流出包括

(　　)。

A. 提供捐赠或者资助支付的现金

B. 购买商品或者接受服务支付的现金

C. 政府补助收到的现金

D. 购建固定资产或者无形资产支付的现金

E. 借款收到的现金

3. 民间非营利组织会计报表附注中至少应当披露的内容包括（　　）。

A. 重要会计政策及其变更情况的说明

B. 董事会或者理事会或类似权力机构成员和员工的数量、变动情况以及获得的薪金等报酬情况的说明

C. 会计报表重要项目及其增减变动情况的说明

D. 资产提供者设置了时间或用途限制的相关资产情况的说明

E. 接受劳务捐赠情况的说明

4. 民间非营利组织在（　　）情况下需要编制合并会计报表。

A. 对外投资且占被投资单位资本总额50%以上，从而对被投资单位具有控制权的

B. 对外投资虽然占被投资单位资本总额不足50%，但实质上对被投资单位具有控制权的

C. 对外投资且只占被投资单位资本总额25%以上，但实质上对被投资单位具有控制权的

D. 对外投资且只占被投资单位资本总额25%以下，对被投资单位不具有控制权的

E. 对外投资且占被投资单位资本总额25%以上，但实质上对被投资单位不具有控制权的

5. 民间非营利组织资产负债表中需要根据有关账户的期末余额进行相加或相减或再进行分析后填列的项目有（　　）。

A. “货币资金”　　B. “固定资产原价”

C. “应收款项”　　D. “非限定性净资产”

E. “长期债权投资”

三、复习题答案

（一）判断题

1. ×　　2. ×

3. ×　　4. ×

5. √

（二）单项选择题

1. B　　2. B

3. A　　4. C

5. A

（三）多项选择题

1. ABCDE　　2. ABC

3. ABCDE　　4. ABC

5. ACE

四、教材练习题答案

练习一

该民间非营利组织20×4年末的资产负债表如表22-1所示。

表22-1　　资产负债表

编制单位：某民间非营利组织　　20×4年12月31日　　单位：元

资产	年初数	期末数	负债和净资产	年初数	期末数
流动资产：			流动负债：		
货币资产		157 840	短期借款		69 750
短期投资		21 420	应付款项		6 350
应收款项		78 540	应付工资		24 870
预付账款		32 410	应交税金		8 450
存货		128 740	预收账款		96 870
待摊费用		5 640	预提费用		3 740
一年内到期的长期债权投资		4 670	预计负债		
其他流动资产			一年内到期的长期负债		75 890
流动资产合计		429 260	其他流动负债		

续前表

资产	年初数	期末数	负债和净资产	年初数	期末数
长期投资：			流动负债合计		285 920
长期股权投资		38 740	长期负债：		
长期债权投资		21 540	长期借款		146 840
长期投资合计		60 280	长期应付款		196 450
固定资产：			其他长期负债		
固定资产原价		574 980	长期负债合计		343 290
减：累计折旧		65 470	受托代理负债：		
固定资产净值		509 510	受托代理负债		9 850
在建工程		34 720	负债合计		639 060
文物文化资产		8 690			
固定资产清理			净资产：		
固定资产合计		552 920	非限定性净资产		46 420
无形资产：			限定性净资产		374 500
无形资产		7 670	净资产合计		420 920
受托代理资产：					
受托代理资产		9 850			
资产总计		1 059 980	负债和净资产总计		1 059 980

在资产负债表中，资产总计数等于负债和净资产总计数。受托代理资产的数额等于受托代理负债的数额。

练习二

该民间非营利组织20×4年度的业务活动表如表22－2所示。

表22－2　　业务活动表

编制单位：某民间非营利组织　　20×4年度　　单位：元

项目	本年累计数		
	非限定性	限定性	合计
一、收入			
其中：捐赠收入	185 600	245 700	431 300
会费收入	85 200		85 200
提供服务收入	314 500		314 500
商品销售收入	24 500		24 500
政府补助收入	98 700	127 500	226 200
投资收益	74 500		74 500

续前表

项目	本年累计数		
	非限定性	限定性	合计
其他收入	7 600		7 600
收入合计	790 600	373 200	1 163 800
二、费用			
（一）业务活动成本	658 500		658 500
其中：			
A项目	275 400		275 400
B项目	212 300		212 300
C项目	170 800		170 800
（二）管理费用	324 700		324 700
（三）筹资费用	85 400		85 400
（四）其他费用	14 500		14 500
费用合计	1 083 100		1 083 100
三、限定性净资产转为非限定性净资产	312 450	(312 450)	0
四、净资产变动	19 950	60 750	80 700
五、期初净资产	26 470	313 750	340 220
六、期末净资产	46 420	374 500	420 920

在业务活动情况表中，收入区分限定性收入和非限定性收入，费用全部列入“非限定性”栏目。在“限定性净资产转为非限定性净资产”一栏中，“非限定性”列的绝对数额等于“限定性”列的绝对数额，两者的合计数为零。在“非限定性”一列，“净资产变动”一栏的数额等于收入合计数减去费用合计数再加上限定性净资产转为非限定性净资产的数额。在“限定性”一列，“净资产变动”一栏的数额等于收入合计数减去限定性净资产转为非限定性净资产的数额。期末净资产的数额等于净资产变动的数额加上期初净资产的数额。

图书在版编目（CIP）数据

《政府与非营利组织会计（第4版）》学习指导书/赵建勇编著. —北京：中国人民大学出版社，2018.10

教育部经济管理类主干课程教材. 会计与财务系列

ISBN 978-7-300-26266-6

Ⅰ.①政… Ⅱ.①赵… Ⅲ.①单位预算会计-高等学校-教学参考资料 Ⅳ.①F810.6

中国版本图书馆 CIP 数据核字（2018）第217292号

“十二五”普通高等教育本科国家级规划教材　配套参考书

教育部经济管理类主干课程教材·会计与财务系列

《政府与非营利组织会计（第4版）》学习指导书

赵建勇　编著

《Zhengfu yu Feiyingli Zuzhi Kuaiji（Di 4 Ban）》Xuexi Zhidaoshu

出版发行	中国人民大学出版社		
社　　址	北京中关村大街31号	**邮政编码**	100080
电　　话	010－62511242（总编室）		010－62511770（质管部）
	010－82501766（邮购部）		010－62514148（门市部）
	－　　　　行公司）		010－62515275（盗版举报）
网　　址	http://www.crup.com.cn		
	http://www.ttrnet.com(人大教研网)		
经　　销	新华书店		
印　　刷	北京昌联印刷有限公司		
规　　格	185 mm×260 mm　16开本	**版　　次**	2018年10月第1版
印　　张	10.25 插页1	**印　　次**	2021年1月第3次印刷
字　　数	185 000	**定　　价**	30.00元

教师教学服务说明

中国人民大学出版社工商管理分社以出版经典、高品质的工商管理、财务会计、统计、市场营销、人力资源管理、运营管理、物流管理、旅游管理等领域的各层次教材为宗旨。

为了更好地为一线教师服务，近年来工商管理分社着力建设了一批数字化、立体化的网络教学资源。教师可以通过以下方式获得免费下载教学资源的权限：

在中国人民大学出版社网站 www. crup. com. cn 进行注册，注册后进入“会员中心”，在左侧点击“我的教师认证”，填写相关信息，提交后等待审核。我们将在一个工作日内为您开通相关资源的下载权限。

如您急需教学资源或需要其他帮助，请在工作时间与我们联络：

中国人民大学出版社　工商管理分社

联系电话：010-62515735，82501048，62515782，62515987

电子邮箱：rdcbsjg@crup. com. cn

通讯地址：北京市海淀区中关村大街甲 59 号文化大厦 1501 室（100872）